Barrio Adentro Por Dentro

EMILIO RIVERO

PAGE PUBLISHING
Conneaut Lake, PA

Primera publicación original de Page Publishing 2023

ISBN 978-1-6624-9654-7 (Versión Impresa)
ISBN 978-1-6624-9652-3 (Versión Electrónica)

Libro impreso en Los Estados Unidos de América

noviembre 28/2023

Sr. Luis MUÑOZ LAGOS

Me complace dedicar mi libro al suegro de mi querido amigo Verue, al cual conozco hace más de 20 años.

Espero que esta lectura de hechos reales lo ilustre al respecto y le dé una visión de la tragedia cubana.

Ya que todo lo que estoy contando, lo he visto;
y si he podido equivocarme al verlo,
ciertamente, no lo engaño al contárselo.
El autor.

Siempre

Capítulo I

EL SOL BRILLABA en esa mañana de septiembre, quizás como
nunca lo hizo en los meses de intenso verano caribeño, sudaba
copiosa y pegajosamente, a pesar de encontrarme a la sombra de uno
de los árboles que ornamentalmente cubrían toda la parte frontal
de la fábrica de licores, frente por frente, al lugar donde residía;
pensaba y me adaptaba a la idea de que al día siguiente culminarían
mis vacaciones escolares, y reanudaría mis actividades docentes en
la enseñanza secundaria. Escuché los llamados de mi abuela que me
anunciaba que la mesa estaba servida; ¿servida de qué?, por aquellos
años escaseaba la comida, y a veces, lo que me servían, no me apetecía;
sequé mi sudor grasiento y pegajoso, lancé con fuerza la pelota que
sujetaba en mi mano derecha e hice una señal de despedida a mis
compañeros del reparto, indicándole con un gesto de la mano, que
debía almorzar. El sol se reflejó en mi rostro con mayor intensidad,
cegándome por completo, cuando atravesaba la reja de mi casa, mi
abuela, como de costumbre, me dio las indicaciones de siempre: lávate
las manos, cámbiate el pullover, refréscate primero antes de almorzar,
te puede hacer mala digestión, no te coloques frente al ventilador, hay
mucha gripe en el ambiente; y otras recomendaciones, que surgieron
en su mente, y en ese instante.

Me senté a la mesa, fingí que estaba rezando y con el rabillo del
ojo pude ver a la abuela que se mostraba satisfecha con mi devoción
religiosa antes de almorzar, donde siempre me decía que Dios estaba
debajo del plato, y donde esperó con paciencia no importándole
que me demorara, aunque se enfriara la comida, ¡la oración era lo
primero!

Antes de finalizar el almuerzo, sonó el teléfono, y deseoso de
escuchar la voz (pensando que era ella), de mi nueva novia, dejé los

cubiertos dentro del plato y de un salto, agarré el auricular, en la mesita justo al lado del aparador del comedor:

—Hola, mi vida —dije en voz baja, para evitar que la abuela se enterara de que hablaba con alguien, sin haber terminado de almorzar.

—Hola, mi amorcito —me respondió mi noviecita de turno.

—¿Qué te parece si nos vemos en la escalera de siempre, donde vive la profesora Vita?

Le dije en voz muy baja, que casi no escuchó, y tuve que repetir lo antes dicho, llamando la atención de mi viejita, que sin pensarlo me dijo:

—Termina de comer muchacho, no te vayas para la calle, te va a hacer mala digestión, andar con las novias después de comer te puede dar una embolia —esta reprimenda provocó que tapara con urgencia el micrófono del teléfono para así evitar que mi prometida se enterara de las peleas de la abuela.

No terminé de comer, me cambié el pullover por uno seco, me puse desodorante (alcohol con bicarbonato), y salí corriendo por toda la cuadra donde vivía, mis amigos ya sabían, o si no se lo imaginaban, que acudía a la cita de la escalera; la familia de mi novia la asediaba, la vigilaba y hasta la seguía, le cuidaban la virginidad, esa que aún no había comprobado. Sin embargo, a mis años de adolescente, y con los prejuicios que por esa época existían, más mis temores y falta de experiencia sexual (por mi corta edad), yo era quien más la cuidaba.

Llegué al edificio justo en el momento en que ella doblaba por la esquina de la farmacia, y por la brisa su falda se levantó, la farmacia quedaba en los bajos del edificio donde acostumbrábamos a citarnos, apenas le quedaban unos diez metros para la entrada; me detuve en la acera y pude darme cuenta de que a esa hora los vecinos transitaban con una regularidad asombrosa, entre la farmacia y el *grocery* del chino Narciso Ng, de los bajos del edificio. Tomé precauciones antes de subir, detrás de mi novia, no quería perjudicar su reputación (aunque todo el mundo lo sabía), y mucho menos dañar nuestros próximos encuentros furtivos (aunque todos se lo imaginaban); ¡hasta sentía temor que nos sorprendieran!

Subí, subí corriendo todo lo que pude, de dos, y hasta de tres escalones de un salto, llegué jadeando, aunque no de placer junto a ella, la vi y la miré con amor, esa saya escocesa a cuadros me volvía loco, hasta me ruboricé cuando estaba frente a ella, decidí cambiar la mirada, pero ella, a pesar de su corta edad, y yo de la mía, acarició mi cara por donde me corría el sudor del esfuerzo de subir las escaleras; me pedía que la besara, entre paredes y peldaños, y ruidos de puertas, que en pisos diferentes se abrían y cerraban en ese momento; ¡lo hice!, sí, la besé en la boca, pero no con pasión, aunque si con soltura y devoción, sentí sus labios carnosos, pero no su lengua, toqué su espalda, en un abrazo, y solo alcancé a enseñarle que en los besos también participaba la lengua; no sé si dio tiempo a que me entendiera.

La puerta de un apartamento del piso donde estábamos se abrió de golpe, y alguien dijo: "Ya vengo, voy al *grocery*", y nosotros tuvimos que separarnos bruscamente, se acabó nuestro encuentro por ese día; bajé y me detuve en la entrada, me sentí culpable de algo mal hecho, al verle la cara a los vecinos que caminaban entre el *grocery* y la farmacia; ¿y mi novia?, en casa de la profesora Vita, segundo piso, con balcón a la calle. Me sentí un conquistador, un desenvuelto con el sexo opuesto, hasta un experimentado, de tan solo diez minutos de escalera y de juegos de la lengua. Regresé a la casa, hasta caminaba con la picardía reflejada en el rostro, atravesé la reja y me recosté en el sofá de la sala, medité y hasta repasé de nuevo mi amor fulminante, pero delicioso, que me anotó un punto a favor, y me subió el sexo frente a mi amada, al enseñarle que en un beso actuaba también la lengua; me imaginé la clase práctica de nuestra próxima cita. «¡Cuánto no lo perfeccionaría!», pensé.

La voz de la abuela interrumpió mis pensamientos y me recordó que debía preparar mis cosas para comenzar mis clases al día siguiente. A las siete de la noche me duché, y con el pensamiento de mi cita amorosa, la víspera de mi inicio de curso escolar, me dormí, y hasta soñé con las lenguas, con la unión de las lenguas.

A la mañana siguiente, y un poco tarde, emprendí mi camino rumbo a la escuela que quedaba como a diez cuadras de donde vivía; de ambos lados de la calle, mis compañeros de escuela marchaban en un mismo sentido rumbo a la escuela; en el trayecto, apreciaba la calidad femenina que resultarían ser mis compañeras de curso escolar, durante todo un año. Nos reunieron a todos en el patio de la escuela, la inauguración duró alrededor de dos horas, al sol, en fila, escuchamos las palabras del director que apenas asimilamos, estaban cargadas de consignas revolucionarias y patrióticas por la intervención de los colegios privados, ¡ah!, y por los nuevos planes de estudio que se aplicarían por primera vez.

En ese año las novatadas arrancaron al finalizar el discurso político, a unos le cortaron el cabello de forma irregular, a otros le mancharon la camisa del uniforme con tinta negra, otro menos afortunado, mi amigo Antolín León, se quedó desnudo en medio del patio, y sus pantalones de uniforme, fueron izados en el asta de la bandera, sus calzoncillos o interiores, tenían varios huecos en su parte trasera. Cada uno de nosotros se llevó un recuerdo del inicio de curso a su casa, mi camisa blanca de uniforme la firmaron casi todos mis compañeros de estudios, ¡aún la conservo!, al igual que las palabras del director (que no escuché, pero aplaudí) de inauguración del año escolar.

La saya verde de uniforme con la blusa blanca, contrastaba fielmente con los ojos verdes claros de una de mis compañeras de institución docente, ¡eran bellos sus ojos!, ¡más que bellos!, ¡hermosos y grandes!, ¡expresivos!, ¿cambiaría de escalera?, ¡seguro!, no había duda en eso.

—¿Cómo te llamas?

—Esther —su voz me sonó muy dulce, como algo refrescante, seductor, movió sus ojos y entornó sus párpados. ¡Me flechó!, por dentro y por fuera—. ¿Y tú? —me preguntó.

—Emilio —le dije a secas—. ¿Son naturales? —insistí.

—¿Qué cosa? —me preguntó intrigada.

—Tus ojos, son hermosos —me atreví a decirle.

—¡Lo son!, naturales y expresivos —me dijo tranquilamente.

—¡Lo sé! —le dije sin dejar de mirarlos.

—¿Te gustan? —me preguntó a boca de jarro.

Me sonrojé, ¡que pregunta!, y pensé, ¡que si me gustan!, más de lo normal, hasta me hicieron olvidarme por un instante de mi novia y de la escalera. Detallé otras partes de su cuerpo, o mejor dicho, de su cara, sus labios, su cuello de cisne, y no sé de dónde saqué esa comparación tan bella, pero así lo admiraba. ¡La invité!, la invité a estudiar en la noche a la Biblioteca Nacional, donde acostumbrábamos a reunirnos todos mis compañeros a repasar las clases del día.

—A las ocho —le dije, y hasta se lo repetí, como temiendo que se olvidara y no concurriera a la cita.

Cuando llegué a la casa me dieron el mensaje que mi hermosa novia de escalera me había llamado, ya no me resultó tan fascinante el mensaje, ¿se me habría calado de repente Esther? Lo que es la juventud, a esa edad pensé que uno se enamora con la misma facilidad con que se cambia de ropa, más bien no se enamora, se entrena para afrontar los romances de la vida de todas las edades.

A las siete me duché y acudí a mi cita bibliotecaria, llegué cinco minutos pasadas las ocho, y en la puerta esperándome, estaba Esther, no la reconocí de inmediato, qué diferente lucía en ropa de calle, sin uniforme, una falda corta que dejaba ver algo más de sus hermosos muslos y una blusa entallada, le hacían resaltar su figura haciéndola parecer mayor de lo que era, y más bella y radiante, ¡era hermosa!, al menos para mí.

Entramos, recorrimos todo el pasillo central de la biblioteca que nos conducía a los salones de estudio del sótano de la instalación, bajamos las escaleras en silencio, preguntándonos quizás, si nos haríamos novio, si compaginaríamos el uno con el otro; al menos, eso es lo que más deseábamos, se notaba en la respiración entrecortada desde que nos vimos por primera vez. Nos sentamos uno frente al otro, solo nos mirábamos, y a decir verdad, ni recuerdo que estudiamos, solo sé que teníamos que hablar en voz muy baja, y si sé qué nos pasamos dos horas hablando, y por supuesto, admirando sus bellos ojos, sus labios y su cuello.

¿Qué estudié? ¡Nada!, ¡absolutamente nada!, la señora de lentes gruesos y vestida de color negro, con blusa blanca, que parecía un pingüino, nos indicó que la sala de la biblioteca cerraría en diez minutos; debíamos recoger nuestras pertenencias y marcharnos, ¡pero si ya estaban recogidas!; la noche era fresca y húmeda, amenazaba con llover, el cielo no mostraba ni una estrella y las nubes ocultaban la luz de la luna. Caminamos bordeando el edificio de la Biblioteca Nacional; a esa hora, la calle estaba desierta, las hojas y ramas de los árboles ofreciendo resistencia al viento, nos dejaba escuchar su ruido característico; la lluvia estaba por caer, y como deseábamos que cayera a chorros, las primeras gotas nos sorprendieron al llegar al fondo de la instalación, cruzamos corriendo la grama que nos separaba del edificio, y nos guarecimos bajo el techo de la entrada trasera de la misma, la cual estaba sola y poco iluminada.

Allí escurrimos con nuestras manos el agua de lluvia, y con mi pañuelo arrugado, sequé el rostro de Esther, y en ese momento, sentí que la sangre me hervía y comencé a temblar interiormente, no sé si de frío o de los nervios por haber podido recorrer su rostro con mis manos, y ver muy de cerca esos ojos verdes que se habían convertido en mi obsesión. Dios me escuchó cuando le supliqué en silencio que la lluvia no cesara, allí estuvimos cerca de una hora, lo cual permitió que la besara, pero, ¿de qué manera?, solo conocía la teoría, la práctica, aún no la había realizado, ¡pero lo hice!, le expresé mi amor; se acabaron mis amores de escalera y comenzaron mis amores de secundaria, de biblioteca.

Como mi institución docente quedaba relativamente cerca del popular bosque de la Habana, unas veces de día, después de terminadas las clases, y otras, ya más planificadas, en la noche, recorríamos el sendero que nos separaba del tupido bosque, refugio y testigo de las parejas enamoradas, pero también refugio y testigo de entrenamientos de guerrilleros internacionalistas, tanto cubanos como extranjeros que serían infiltrados en diferentes países del orbe para desestabilizar y derrocar los gobiernos opositores al nuestro. La torre de alta tensión nos indicaba que al rebasarla, solo nos faltaban unos cien metros para llegar a un castillito en ruinas que usábamos para descansar de la caminata, y que nos servía también para emprender nuestras caricias de amor.

La vida de estudiante ofrecía muy pocas preocupaciones, aunque si muchas obligaciones; nos quedaban muchos años de estudio y habíamos recién iniciado un nuevo plan nacional que requería de un esfuerzo extra en el aprendizaje. En la medida en que transcurrían los días y culminábamos un curso escolar, nuestras mentes se iban desarrollando, y como es lógico, iban siendo mayores las preguntas y las inquietudes, y a veces muy escasas las respuestas por la falta de información quizás, y por las medidas y leyes que el gobierno adoptaba, con respecto al desenvolvimiento y conducción de la sociedad. La enseñanza se dividió en teórica y práctica, diez meses de teoría en el colegio, y dos meses de trabajo agrícola, fuera de la provincia donde residíamos, hembras y varones marchaban a los campamentos, juntos, pero no revueltos, en el interior de la isla.

Recoger café, regar abono a las matas de cítricos, recoger tabaco, sembrar, cortar y alzar la caña, fueron las tareas que en diferentes años tuvimos que desarrollar; las relaciones sociales aumentaron y la promiscuidad también, los embarazos fueron en aumento y los legrados se pusieron de moda, que por cierto, fueron autorizados y legalizados por el estado; en esa época, apenas había escuchado hablar de condones, ni de anticonceptivos, pero al fin llegaron a la farmacia; uno de los ayudantes del farmacéutico, que era compañero nuestro, nos los mostraba con orgullo, y con aire de superioridad, por conocer ese adelanto de la ciencia, por cierto, que nosotros con un alfiler, le abríamos unos pequeños huequitos en la goma al condón, y así se vendían. El condón nunca ha pasado de moda, ya no solo es importante para evitar el embarazo, ya es imprescindible en la actualidad para evitar contraer el SIDA y hasta otras enfermedades que desconocemos.

Ese elástico en forma de tubo de ensayo, o de globo de cumpleaños, cuando se desdobla, se ha convertido en algo extremadamente necesario para conservar la vida, ya se venden en cualquier parte, hasta en los quioscos, hasta los hay de sabores, ¿curioso, verdad?, y las marcas de los fabricantes ostentan nombres de dioses de la fertilidad y de la masculinidad. Mi generación se rehusaba a utilizar uno de esos globos, y argumentábamos que la sensación, no era la misma, y es verdad, ¡lo juro!, ¡no es la misma!

Conjuntamente con el condón o preservativo, apareció por aquel entonces, otro anticonceptivo, el diafragma, que lo usaba la mujer antes de hacer el amor, era de goma también, y de esa forma llegamos a conocer que transitábamos por la era de goma del amor; a ese también le abríamos unos huequitos antes de que se vendieran en la farmacia. En esa farmacia, ¡no se salvaba nadie!

La época del rock nos llegó muy tarde, y su moda también, la ideología estaba primero, hasta consideraban ilegal la música de esa parte del mundo, del capitalismo, nuestros principios no correspondían con los de ellos, y teníamos que defender los nuestros a como diera lugar, y comenzamos a sustituir nuestros cantos de rock, por consignas revolucionarias y canciones protestas en contra de lo que no conocíamos.

La moda nos llegaba por alguna que otra revista o folleto que transgredió nuestras fronteras, y sobrevivió al chequeo meticuloso de nuestros funcionarios fronterizos; claro, que con esto de la moda existía un problema, ya empezaban a escasear las prendas de vestir, y por ende, se dificultaba la adquisición de las mismas, y nunca vestíamos a la moda, eso era muy difícil lograrlo; casi nunca se podía adquirir la muda completa, o sea que cuando conseguías la camisa, no aparecía el pantalón, y si comprabas los zapatos, no encontrabas las medias o las franelas. En resumen, era casi imposible conseguirlo todo de una vez, el arco o la flecha.

Así pasamos el primer decenio revolucionario, añorando lo que sabíamos se usaba en otros países; de igual forma, con relación a la información, sobre acontecimientos y logros, tantos científicos como culturales, su divulgación al pueblo era restringida, había censura de prensa, ¡que censura!, ¡clausura de prensa!, solo nos estaba permitido conocer aquellas noticias, que de una forma u otra, tuvieran que ver con los logros de la revolución, o con los desaciertos imperialistas en el mundo, a modo de crítica destructiva. Nuestros días se fueron haciendo todos iguales, y nuestra única distracción consistía en las fiestas de los sábados en la noche, y en cambiar de novia con regularidad espontánea; sin quererlo y hasta por obligación, nos fuimos adaptando a este sistema aburrido de vida. Recuerdo que había una consigna gubernamental, por aquellos años, que decía textualmente: "Estudio, trabajo y fusil", era todo lo que teníamos, y teníamos que conformarnos. Me fui quedando poco a poco sin amigos de la infancia, marcharon junto con sus padres a otras tierras en busca de nuevos horizontes; todo, absolutamente todo, se redujo a la nada, vegetábamos, subsistíamos, jamás vivimos durante todo el tiempo que duró, mi estancia en Cuba. ¿Qué haríamos mañana? Zozobra.

Capítulo II

MIRÉ MI VASO de whisky y me di cuenta de que ya había terminado mi trago, el hielo se había derretido, solo era agua lo que había en mi vaso; mi mirada aún se mantenía fija, contemplando la belleza del Ávila, su verdor, sus cascadas, su hotel Humboldt, su teleférico, mi mirada al vacío y mi mente en blanco, me hizo recordar cuando llegué por primera vez a Venezuela, procedente de República Dominicana, ¡qué cambio tan brusco experimenté!, ¡cómo me costó adaptarme al nuevo sistema!, pensé que sus montañas me iban a tragar, que llegarían a devorarme, y lo hubiera aceptado con gusto. El sentido que primero experimentó el cambio, fue el del olfato, ¡todo olía diferente!, desde que desembarqué por el aeropuerto de Maiquetía, hice un giro muy brusco, pero para bien; la diferencia con el sistema que había dejado atrás, era considerable.

Me serví otro trago con abundante hielo y me senté plácidamente a recordar mis vivencias migratorias; obtuve apenas llegar mi primer trabajo de vendedor, ¿de qué?, ¡qué experiencia!, jamás se me ocurrió pensar que recorrería las calles de Caracas vendiendo ollas y filtros de agua. Vendí ferretería, machetes colombianos, seguros de vida y de accidentes, carros, y hasta parcelas para el cementerio; pero, hubo algo que hacía, adicionalmente, y que llegó a convertirse en mi prioridad, algo que por accidente llegó a mi vida y que me permitía al menos, lograr mejorar el bienestar de algunas familias cubanas, contribuir a darles la libertad, sembrarles esperanza, de un futuro mejor.

Estando en una noche de verano, en pleno agosto, disfrutando de una velada caraqueña, el teléfono fijo de la habitación comenzó a repicar, un poco cansado me incorporé del sofá, en que disfrutaba de la velada, y acudí a contestarlo; me dolía todo el cuerpo, no estaba acostumbrado a subir las lomas de la capital venezolana, y acababa de llegar del trabajo.

—Aló!, Aló!

—Emilio —se escuchó decir—, ¿eres tú?

—Sí, yo conozco tu voz, carajo, ¿de dónde me hablas?

—Estoy en México, necesito tu ayuda, tengo pocos minutos así que te ruego me escuches.

—Dime, ¿de qué se trata?

—Yo salí de Cuba, en funciones del gobierno, a impartir unas conferencias en la Universidad de México, y lo hice con la intención de pedir asilo al concluir mi contrato en Ciudad México, pero las cosas no resultaron así, y necesito salir de aquí, quieren deportarme para Cuba, ya tengo el permiso vencido, y a ti es a quien puedo acudir.

—Bueno, pero tú debes tener en mente que apenas acabo de llegar a este país, que me siento muy diferente al que dejé atrás, que soy enteramente libre, pero acabado de llegar, sin recursos de ningún tipo y el principal, el dinero aún no estoy trabajando fijo, pero no obstante voy a explorar la forma de ayudarte para que puedas venirte para acá, ¿entendiste? —le dije—. Dame unas horas y ya veré qué gestión puedo encaminar con los derechos humanos en este país; dame unas horas o mejor uno o dos días y ya veremos —le dije—. Dame tu teléfono, te llamo mañana, cuenta con que voy a ayudarte. Te llamo mañana.

—No tengo ni dirección, ni teléfono, te llamo yo mañana a esta misma hora, ¿OK?

—OK, espero tu llamada, mañana a esta misma hora —le dije, y tranqué.

Me consternó la llamada de mi amigo de la infancia, Raymat, y lo que es peor, que no sabía cómo lo iba a ayudar, por dónde empezaría a solicitar ayuda, ¿los derechos humanos?, y a quien conocía allí, ¿y dónde quedaban sus oficinas, sus miembros, cómo se llamaban?, me devanaba los sesos y no conseguía aclarar mis ideas, tan solo hacía unos meses nada más que estaba en Venezuela, y solo conocía a un par de gallegos, que ni a derecha sabían dónde quedaba Cuba. Tranquilo, me dije, mañana domingo empezaré las pesquisas al respecto, y así fue, en la mañana decidí concurrir a la misa de la iglesia de la Caridad del Cobre en Santa Paula, que alguien me había dicho, era la iglesia de los cubanos. Tomé el metro bus y me dejó a unos pocos metros del lugar, algo sudado, llegué a la capilla, donde apenas había comenzado la misa de las nueve de la mañana; me ubiqué en la parte trasera de la misma, sequé el sudor con mi pañuelo, y cuando estuve recuperado, me detuve a observar a los fieles que allí se encontraban, unos más viejos, otros más jóvenes, y contemporáneos conmigo, luciendo en su mayoría impecables guayaberas, que me dieron a entender, que eran paisanos míos.

Escuché la misa y aproveché para darle gracias a Dios, aunque no muy conforme de los favores que me había concedido al poder abandonar definitivamente mi país; uno que otro fiel cubano, se viró para observarme, como notando que un nuevo devoto se encontraba en la iglesia de los cubanos en el exilio; mi preferencia visual me hizo escoger a un señor alto, canoso, de bigote espeso y coposo, pero bien atendido, que a diferencia del resto, estaba en traje, pero no sé, la señal que me llegó, era, que era uno de los pilares del exilio cubano, y a su vez, escogí a otro que con la pinta de paisano que estaba a su lado. La misa duró lo que duran casi todas, aunque esta tenía la particularidad de que pedía por la libertad de Cuba, y por la liberación de los presos políticos cubanos, y por uno que otro fiel cubano que estaba "jodido", ¡ah!, y por los desaparecidos cruzando el mar.

Al concluir la misa dominical, mis paisanos se reunieron en las afueras de la capilla, atestada de fieles a esa hora para intercambiar experiencias, mostrar sus atuendos y comentar sus éxitos y logros más recientes, los últimos acontecimientos políticos acontecidos en la isla, sobre todo, que a Fidel le quedaba muy poco, y que estaba enfermo, lo cual solo ellos sabían; «¡ojalá!», pensé yo, y me acerqué a mis elegidos; sonó mi teléfono celular, que me sacó de mis meditaciones, le di una o dos vueltas al vaso de whisky, le di un sorbo y contesté:

—Aló!, aló! —dije.

—Epa, necesito tener mañana un contacto contigo, te va a interesar el asunto —me dijo uno de los cubanos que aún quedaban en Venezuela, después del triunfo del chavismo.

—OK, pero confírmame la hora, por favor —le dije a Marcos.

—Diez de la mañana, ¿te parece bien?

—¿Dónde? —pregunté.

—En mi casa y desayunamos aquí.

—Perfecto, allí estaré —le dije, y de un sorbo terminé mi trago. Retorné a mis recuerdos migratorios.

Me miraron con asombro esos fieles cubanos, e intrigados con mi presencia, que ansiaban con conocer mis intenciones, y sobre todo mi nacionalidad. Eso era importante, mi nacionalidad, y mis intenciones, ya que todos en su mayoría eran muy desconfiados y solo pensaban en espías de la seguridad cubana.

—Encantado de conocerlos —le dije extendiéndole la mano, al primer elegido por mí, el cual muy educadamente extendió la suya, estrechando la mía con fuerza, al mismo tiempo que decía: el placer es mío—. Mi nombre es Emilio, y hace apenas muy poco tiempo llegué a Venezuela, estoy tramitando mi asilo político a través de la DISIP, y por supuesto, con extranjería.

—¿Estuviste preso en Cuba?

—Libre nunca estuve, todos los cubanos en nuestra tierra están presos o confinados.

—Así es —me expresó uno de ellos.

—¿Te gusta este país? —me preguntó.

—Sí, por supuesto, además es tan diferente al nuestro, que se deja querer por sí solo, y tiene que gustarme, es en el que me encuentro y espero estar aquí por mucho tiempo aún —le dije.

—Yo soy asilado político —me dijo el cubano de traje—. ¿Ya tienes trabajo? —me preguntó.

—Aún no. Pero espero conseguirlo en estos días —le dije.

—¿Qué sabes hacer?

—Soy economista —le dije—, pero sé hacer otras cosas —agregué.

—¿Conoces de computación?

—Sí, por supuesto, la estudié en la carrera —le dije.

—¿Y puedes ser profesor? —me preguntó.

—Sí, creo que sí —le dije.

—Entonces ya tienes trabajo —me dijo y continuó—, ¿cargas carro?

—No, aún no tengo, vine en el metro.

—Puedo llevarte a tu casa, y así vamos hablando por el camino, ¿te parece bien?

—Perfecto —le dije y echamos a andar juntos por el estacionamiento de la iglesia.

Me acomodé en su carro, en el asiento del copiloto que era espacioso, y reanudamos la conversación.

—¿Cómo saliste de Cuba? —me preguntó.

—Sin mucha dificultad, en avión, Aerolínea VIASA —le dije—. Desde que llegué a este país vine con el propósito de contactar con las organizaciones de derechos humanos que radiquen aquí, y no lo he conseguido hasta ahora, ¿usted posee esos contactos e información que pueda ayudarme al respecto?

Me miró con cierto recelo y desconfianza, pero accedió a cooperar conmigo, en darme la información solicitada y me extendió un bolígrafo diciéndome:

—Anota.

Buscó su agenda y me ofreció los datos requeridos, tanto teléfonos como direcciones a donde poder acudir; ya casi estábamos llegando a mi casa y solo tuvimos tiempo de despedirnos, confirmándole la cita del día siguiente en su oficina del Centro Plaza de Altamira.

Al día siguiente, a primera hora salí rumbo a la Avenida Urdaneta, donde en una modesta y vieja imprenta podía entrevistarme con un señor nombrado Salvador Romani, que aún no había llegado. Esperé lo prudencial, pero tuve que ausentarme sin poder establecer el contacto. De allí me dirigí a la Casa Cuba que quedaba en Altamira, muy cerca de donde debía entrevistarme con el señor Pedro Herrera para mi trabajo; pregunté por el señor Vikin Meso y la señora Silvia Meso entrevistándome con ellos una media hora y ofreciéndome a colaborar en todo lo que ellos necesitaran.

Terminada la reunión con los Meso me fui derecho a la oficina del señor Herrera en el Centro Plaza que me quedaba muy cerca de donde estaba. Allí estaba mi amigo Pedro Herrera, el cual al verme me dijo que él pensaba que yo iría en la mañana, le conté las gestiones que había realizado y acto seguido me dijo:

—Salvador Romaní es la persona indicada para encaminarte en cualquier aspecto de incorporación a los derechos humanos en este país. Él despacha y frecuenta con altos funcionarios del gobierno venezolano y de la DIEX, que es la dirección de extranjería y tramita y otorga las residencias en este país. Insiste en localizarlo, tengo entendido de que él siempre llega tarde a su oficina, pero también se va muy tarde de ella. Bueno, vamos a lo nuestro, ¿vas a dar clases de computación? —me preguntó.

—Sí, por supuesto —le dije—, así que cuando quiera comienzo.

—Mañana mismo —me dijo y me extendió el horario.

Como me había dicho que Salvador Romani se iba tarde de la oficina, salí del Centro Plaza y me dirigí a la imprenta del señor Romani, llegué pasadas las seis de la tarde; toqué el timbre y en más menos cinco minutos me abrió la puerta un señor alto, cincuentón, muy bien parecido para su edad y elegantemente vestido. Me invito a pasar y me señaló una butaca frente a su escritorio para que me sentara.

—He venido a verlo, ya que el señor Pedro Herrera me recomendó que me acercara a usted para cualquier eventualidad que tuviera respecto a mi situación migratoria o de cualquier cubano necesitado de ayuda al respecto.

—Sí, no hay problema, estoy a la orden en ese aspecto —me dijo.

Me fui derecho a la cocina a prepararme algo de picar, la televisión del cuarto había quedado encendida, y en ese instante estaban anunciando que el presidente venezolano hablaría hoy en cadena, en un acto de inauguración de consultorios médicos de barrio adentro. Consulté el reloj, quince minutos para las seis de la tarde, regresé a mi ventanal refrescante por su vista y su brisa, plato y vaso en mano, ordené mis pensamientos y recapitulé aquellos días y meses de mi primer año en tierra venezolana.

Descansé el resto del día por ser domingo, anhelando que llegara el lunes para poder hacer la gestión de mi amigo Raymat. Como habíamos quedado, me llamó a la hora acordada, muy alarmado porque se había encontrado con unos compañeros de la universidad y le habían informado que de la embajada cubana habían ido a buscarlo para enviarlo para Cuba, ya que tenía la visa vencida, ¡deportado! Agarré mi agenda telefónica y le di una dirección en Ciudad México de una amistad mía para que se refugiara en su casa hasta que le consiguiera la visa venezolana; la anotó con premura y se le notaba la alegría por poder refugiarse en casa de una conocida, de una compatriota mexicana; colgamos con la promesa de que lo llamaría a casa de mi amiga mexicana al día siguiente; al menos ya tenía techo fijo, pensé.

Apenas pude dormir de domingo para lunes, hasta tomé chocolate caliente para ver si podía conciliar el sueño, ¡no lo logré!, pero, ¡lo intenté!; la preocupación de que pudieran deportarlo de México para Cuba era real, los mexicanos y su gobierno tenían una excelente relación con el gobierno cubano, y además no permitían a ningún cubano solicitar asilo político en su territorio, era crítica la situación de mi amigo, y si lo deportaban, le esperaba la cárcel y la separación definitiva de su cargo en el gobierno, su miseria y su hambre, así son estos regímenes comunistas. Con estos pensamientos salí a las once de la mañana rumbo a la oficina del señor Romani para solicitar una entrevista de urgencia; su secretaria me informó que el señor Romaní aún no había llegado, pero que si quería podía esperarlo. Así lo hice y me senté frente a su secretaria con ese propósito, mientras hojeaba una revista de modas que había quedado olvidada en el asiento de al lado, y que aparentaba tener mucho tiempo de editada.

Sonó el teléfono y se escuchó que la secretaria respondía que había alguien esperándolo, lo cual me hizo suponer que era el señor Romaní quien había llamado; efectivamente, en unos treinta minutos se abrió la puerta de la oficina y entró impecablemente vestido, con un traje de color gris claro, camisa blanca de yugos, corbata azul oscura, y un pañuelo del mismo color de la corbata, asomaba un dedo del bolsillo superior y exterior del saco, bien perfumado y de excelentes modales, se acercó a mí saludándome y extendiéndome la mano de nuevo, la cual estreché con fuerza, como demostrando el placer de volver a verlo; me indicó que lo siguiera a su oficina, y me indicó que me sentara frente a su escritorio, y después de ordenar algunas cosas encima de este, se dirigió a mí de la siguiente forma:

—Mi secretaria me dijo cuando la llamé, que tenía urgencia de hablar conmigo, ¿no es así?

—En efecto, así es —le dije—, lo que traigo aquí, es de suma gravedad, al menos para mí, de un cubano que en estos momentos está en México, ilegal, ya que su visa caducó, y sujeto a una posible deportación a Cuba por parte de la embajada cubana en Ciudad México, la cual lo han amenazado con hacerlo, de resistirse a su regreso; este paisano nuestro me pidió ayuda este fin de semana, que de hecho, es amigo mío de la infancia, para ver si podía gestionarle una visa urgente para entrar en Venezuela y solicitar asilo político aquí. En estos momentos está escondido en casa de una amistad mía, en Ciudad México, le ruego, me ayude, de ser posible, me ayude a resolver este problema.

—Veré que puedo hacer, pero no le prometo nada, permítame hacer unas llamadas telefónicas, mientras me vas a escribir el nombre completo de tu amigo —y me colocó un bolígrafo y papel frente a mí.

Lo escuché hablar con alguien que aparentemente tenía algo que ver con eso de trámites migratorios, aun con el auricular en el oído me pidió que le diera el papel, donde ya había colocado el nombre, y escuché cómo lo deletreaba a quien se lo había solicitado.

Después de unos minutos de conversación, se despidió dándole las gracias anticipadas por las molestias causadas.

—Yo tengo mucha confianza en este señor, él trabaja en el Ministerio de Relaciones Exteriores, trabaja con una amiga nuestra, venezolana, que está casada con un griego, pero que ha vivido en Cuba, no sé por cuantos años, hasta tiene hijos cubanos que nacieron allá, y siempre he podido contar con él para casos como este, esperemos que resuelva —me dijo al mismo tiempo que colgaba el teléfono.

—¿Le puedo hacer una pregunta?

—Sí, como no —me dijo.

—¿Cuándo tenemos confirmación de esta gestión suya?

—Mañana yo lo llamo, si me deja su teléfono —me dijo y agregó—, o llámeme mañana después del mediodía, que seguro ya tengo noticias.

Se levantó y me estrechó la mano a modo de despedida. Lo imité despidiéndome efusivamente y dándole las gracias por su gestión, atravesé la puerta de salida, despidiéndome de la secretaria al pasar. Bajé por el ascensor, y al llegar a la calle me sentía contento, importante, eufórico, me creía que había conquistado el mundo, solo con esta gestión, esperanzado, deseoso de que llegara el próximo mediodía para conocer el resultado, y aunque mi optimismo alcanzaba el nivel máximo, tenía una sombra de duda en mi gestión.

Me fui derecho a la casa, llegué e inmediatamente llamé al señor Herrera y le dije que salía de inmediato para su oficina:

—Aquí estoy, te espero —me dijo muy amablemente.

—Como algo y salgo de una vez —le dije.

En una hora entraba por el Centro Plaza, buscando la oficina del señor Herrera, me fue fácil encontrarla de nuevo, estaba bien ubicada y bien surtida de equipos y accesorios de computación, aunque no muy espaciosa, el ventanal de vidrio frontal permitía ver la exposición de los mismos, entré, y al hacerlo, la puerta al abrirse, hizo sonar una campanilla, como anunciando mi visita; en breve, salió de un cubículo interior una señora alta, muy delgada que dijo llamarse Marta, y de acento algo extraño, que después pude identificar como americana, y que era la secretaria del señor Herrera.

—Señor Emilio, pase, tome asiento, el señor Herrera llegará en un momento, está cerca en una gestión —me dijo al mismo tiempo que me indicaba donde sentarme.

El aire acondicionado estaba fuerte, sentí frío; la señora Marta me hizo varias preguntas, quizás para sociabilizar, las mismas preguntas que desde que arribé a Venezuela, todos me hacían, que si era cubano, que como logré salir de la isla, que qué esperamos para tumbar a Fidel, etc. El señor Herrera no tardó en llegar, al verme sonrió, estrechando mi mano, al mismo tiempo que comenzaba su explicación más detallada del negocio, y lo que consideraba que debía hacer en esa mi primera clase de computación, para lo cual ya me había contratado.

Debía impartir clases de computación en las mañanas, y en la tarde me dedicaría a la venta de equipos y accesorios de computación en la tienda; esta segunda entrevista duró más de lo previsto, se extendió con un almuerzo en uno de los restaurantes del centro comercial. Era inevitable que surgiera en la conversación el tema de Castro, y la política de la isla, debatimos algunos aspectos, sobre todo aquellos que más afectaban al pueblo cubano, la represión tan brutal, a que eran sometidos, la emigración, los disidentes y su evolución interna, en fin, ¡nuestras miserias! Llegó la hora señalada para comenzar las clases y me fui directo al local establecido para impartirlas.

Ese mismo día, en la mañana, había desayunado con Marcos, como habíamos acordado, me dijo que el asunto que iba a interesarme, estaba relacionado con nuestro amigo Luis, el cual me llamaría, ya que él le había dado mi teléfono, era serio y peligroso el asunto, pero seguro me encantaría, ¡adoraba el peligro!

Sonó mi celular, y me sacó de mis pensamientos y recuerdos:

—¡Aló! ¿Quién habla?

—Mira, es Luisito, ¿cómo andas tú?

—Coño Luis, "carajo", ¿por dónde tú andas?, he tratado de conseguir tu teléfono desde hace varios meses, y me ha sido imposible, que bueno que me llamaste, ayer Marcos me dijo que te había dado mi teléfono, y, ¿en qué puedo serte útil?

—Mira, tengo un caso, que sé que tú puedes solucionarlo, si aún conservas los contactos; hay un amigo mío aquí en Miami, que tiene una hija en Venezuela, que es médico, en eso de las Misiones comunistas de Chávez, las de barrio adentro, pero está lejos de Caracas; él necesita resolver, sacarla del país, a como dé lugar, y que le pongas precio a la gestión, ¿tienes idea de cuánto puede salir el costo de la operación?

—Sí, eso está en el orden de los diez a doce mil dólares, si la persona reside en la capital o sea aquí en Caracas, pero si hay que trasladarla, de casa del "carajo", ya suben un poco los costos. ¿Dónde está esa persona?, creí entender que estaba lejos de Caracas.

—Muy lejos de la capital —me dijo.

—Siempre piensa en doce mil entonces —le dije.

—OK, voy a hablar con el pariente, pero aclárame, ¿eso se paga aquí cuando llegue, o allá en Venezuela? —me preguntó.

—Eso se paga la mitad adelantada, y te explico por qué, estas misiones y los que vienen en ellas, se quedan indocumentados aquí en Venezuela, les retienen su pasaporte precisamente para que no puedan moverse libremente y se circunscriban al área, donde fueron asignados por el gobierno o la misión, no pudiendo circular por el resto del territorio venezolano. Para eso es necesario confeccionarle un pasaporte y una cédula de identidad chimbas, lo cual permitiría trasladarla a la capital, y ya estando aquí, es más fácil sacarla del país, ¿entendiste, querido amigo?

—Claro, sí, entendí, voy a explicarle a mi amigo y te llamo en cuanto tenga la respuesta, quizás mañana en la noche —me dijo y nos despedimos.

A los pocos días, Luisito me llamó para informarme que el hombre, o sea, su amigo miamense, no contaba con la plata requerida, que me avisaría en cuanto la tuviera, o si aparecía otro caso por el camino, me haría saber.

Me serví otro trago, con sus respectivos cubitos de hielo y repasé de nuevo lo de mi amigo Raymat; esa noche, al llegar a la casa, después de saberme empleado del señor Herrera, y de haber hecho la gestión de la visa, tomé una ducha bien caliente, de esas de pelar pollos, y después de comer, hice una llamada a Ciudad México. Raymat estaba bien, más tranquilo, tenía comida y techo, y cuando le di la noticia de mi gestión, mejoró su respiración, ¡se relajó!, y no es para menos, a mí me hubiera ocurrido igual. No hablamos mucho, solo lo necesario, le prometí llamarlo en cuanto tuviera noticias del trámite migratorio de su visa que esperaba fuera en los próximos dos días.

Al mediodía siguiente, ya trabajando en la tienda del señor Herrera, llamé al señor Romaní, como habíamos acordado:

—Señor Romaní, le habla Emilio, el amigo del señor Herrera, ¿cómo está usted? —le dije.

—Muy bien, gracias a Dios —me respondió—, te tengo excelentes noticias. La visa salió hoy en la mañana por un radio de la Dirección de Extranjería, anota el número, 41262, de fecha de hoy, ¡todo resuelto!, pienso que tu amigo puede colocar la visa en su pasaporte a partir de mañana y venirse cuando quiera —me dijo, muy atento y feliz.

Le di las gracias, prometiéndole almorzar juntos en cuanto llegara mi amigo de México.

Eso de haber ganado otra batalla más, me inclinó a desarrollar todos los mecanismos posibles para sacar o ayudar a mis paisanos a salir de la isla; era preciso ganar muchas batallas más; a los efectos, estreché contactos con personas que trabajaban en inmigración, en aerolíneas extranjeras, en las nacionales, con personal de aduana, con funcionarios de la DIEX, del Ministerio de Relaciones Exteriores, etc., con cuanto personal tuviera que ver con otorgamiento de visas o salidas del país; por el aeropuerto de Maiquetía, hasta por el puerto de la Guaira. Me documenté de todos los procedimientos jurídicos y legales que permitieran y facilitaran una visa de ingreso al país, y me dio resultado, a los pocos meses, ya era todo un experto en trámites migratorios, y así empezó la función.

En todas estas pesquisas migratorias, no dejaron de aparecer los que se ofrecían voluntarios para ayudar a sacar cubanos de la isla del dictador, hasta querían viajar allá a casarse con la persona que deseaba emigrar, otros que económicamente estaban mejor se ofrecían para sacar en sus lanchas y aviones particulares a los infortunados cubanos, y así de esta manera fueron apareciendo los contactos, que al final, contribuyeron a lograr algún objetivo.

Esa noche, y como un muchacho que le dan un juguete nuevo, no esperé, ni a ducharme, ni a comer, llamé alrededor de las siete a la casa de mi amiga Elena en Ciudad México:

—¡Epa!, Raymat, ¿cómo has estado?

—Bien, esperando tu llamada —me dijo con cierto tono de tratar de descubrir que noticias le tenía.

—Mira, hoy al mediodía, como ya tú sabías, me comuniqué con el señor de los derechos humanos, y me dio la feliz noticia que tu visa ya está en el Consulado venezolano, en Ciudad México, y que, a partir de mañana, ya puedes visar tu pasaporte.

—Coño, no jodas que feliz estoy, una botella de tequila es lo que necesito carajo —me dijo casi llorando de emoción.

—Vete al consulado en la mañana, y coloca la visa en tu pasaporte; te llamo a las dos de la tarde, me das el resultado de tu gestión, y si ya tienes la visa puesta en tu pasaporte, como supongo no tienes plata, te pongo el pasaje urgente para que te montes de una vez por Mexicana de Aviación, Ciudad México–Caracas, ¿puede ser?

—Por cualquiera, el problema es salir de aquí —me dijo—. Han tratado de averiguar dónde me estoy alojando, quieren echarme el guante a como dé lugar.

—OK, mañana te llamo a las dos de la tarde, deja el pánico —le dije y me despedí.

Brindé, brindé, no sé cuántas veces, por haber logrado quitarle de las manos a la seguridad cubana, ese gancho, a mi amigo de la infancia, y aunque aún, no había salido, ya esto era un paso de avance. ¡Lo lograría!, de eso estaba seguro.

Me fui a la cama temprano, apenas pude conciliar el sueño, fluían en mi mente todos los detalles de lo acontecido y lo logrado, no podía dormirme, daba vueltas en la cama de un lado a otro, sudaba, me preparé una infusión de tilo relajante, sudé aún más, pero no logré mi propósito de dormirme, al contrario, me hizo sudar hasta que abandoné la cama, puse el equipo de sonido, me concentré en un punto mirando fijo y poniendo la mente en blanco, nada, ni gota de sueño, solo tensión. Alrededor de las seis de la mañana, cuando casi tenía que pararme, me dormí en una butaca de la sala, y de qué manera, llegué pasadas las nueve a la compañía, ¡qué vergüenza!, el propio señor Herrera me esperaba, pero cuando le di la noticia, mejoró su semblante hacia mi persona, ¡lo que hace una visa!

—Y, ¿cuándo viene tu amigo? —me preguntó el señor Herrera.

—Hoy lo sé al mediodía, quería preguntarle, ¿dónde puedo hacer una llamada, a Ciudad México?

—De aquí, sin problema, eso sí, cuando venga la cuenta, me la pagas, o te la descuento de tu salario —y mirando a Martica le dijo riéndose—: Ya sabes Marta, se la descuentas.

—No hay problema, todo bajo control —le dije.

La mañana fue muy complicada, tuve muchos turnos de clase, y cuando creía que me iba a poner a descansar, llegó un señor muy interesado en comprar una computadora, y tuve que atenderlo, ¡pero se la vendí!, y me gané mi comisión. Pasadas las dos de la tarde, en tan solo diez minutos, hice la conexión con México, me contestó el propio Raymat, que me saludó así:

—Ya tengo mi visa en el pasaporte, me atendieron de maravilla, sin objeciones, ni preguntas capciosas, todo salió de maravilla —me dijo.

—Qué bueno, no lo esperaba la verdad, siempre he creído que la vida está llena de tropiezos, pero ya ves, ya casi estás aquí, salgo inmediatamente a ponerte el pasaje. Un abrazo. Mañana nos vemos en Maiquetía, querido amigo —sin comentarios, la emoción me embargaba, me roía el alma, nunca pensé poder hacer algo así.

Ni sabía qué rumbo tomar, hasta tropecé dos o tres veces con deformaciones de la acera mal mantenida, rocé mi cabeza con una rama de árbol que aún no había sido cortada y me quedaba por debajo de mi estatura, me dio el sol directamente en la cara y no me percaté de un auto que casi me atropella, estaba a punto de desistir en mi gestión de comprar el pasaje, y para colmo había salido antes de mi trabajo, ¡con permiso claro!, pero antes de hora. Después de mil contratiempos, el pasaje Ciudad México–Caracas, ¡se logró!, me fui derecho a la casa, llegué sofocado y sudado por haber subido la loma, agarré el teléfono y me volví a comunicar con México:

—Hola, señora Elena, ¿cómo está usted?, qué alegría saludarla, no sabe lo agradecido que le estoy por haber ayudado a mi amigo, algún día sabré retribuir con creces lo que usted ha hecho por mí, por nuestra causa —le dije.

—No, en lo absoluto, yo comprendo la causa del pueblo cubano, la siento, me siento comprometida con ella, y me satisface colaborar con su causa, que es la mía también —me dijo muy emocionada.

—Gracias, gracias, le estaré eternamente agradecido, ¿Raymat está por ahí?

—Sí, ya se lo paso —me dijo.

—Hola, hermano querido —me dijo al contestar—. ¿Qué hay de nuevo?

23

—Ya tienes tu vuelo para mañana mismo, anota el localizador.

Anotó el localizador, nos despedimos, con un nos vemos mañana.

Información del aeropuerto de Maiquetía anunció la llegada de Mexicana de Aviación procedente de la Ciudad de México. Llegó en tiempo Mexicana de Aviación, y allí estaba yo esperando su arribo, a tierra de libertad y democracia, ¡qué emoción me embargaba!

No tuve que hablar con nadie para lograr que mi objetivo se cumpliera, pasó por todos los chequeos establecidos y lo vi aparecer en la puerta de salida, con su trajecito cubano mal cortado, de color crema, corbata fuera de época y de moda, lentes con armadura de los años sesenta, flaco como la mayoría de los cubanos, pero mi amigo al fin, mi querido amigo de la infancia. Ese abrazo de bienvenida aún lo conservo en mi mente, en mi recuerdo, y hasta una foto tengo de ese momento, de ese abrazo.

Recorrimos de noche los cuarenta kilómetros que nos separaban de mi hogar, sumidos en el silencio, como rememorando todo lo acontecido, lo andado, bajamos los vidrios del carro, queríamos que la brisa nos golpeara en el rostro, que nos masajeara el sur para revitalizarnos, el Caribe estaba perdido, al menos el Caimán, estábamos aturdidos, y no creíamos que nuestro encuentro se hubiera realizado, que nos hubiéramos reencontrado de nuevo, en mundos diferentes, y con perspectivas diferentes.

Recordé en este momento que estoy bebiendo lo mismo que tomé y brindé con mi amigo al llegar del aeropuerto, solo por eso me serví otro trago, a la salud de aquel encuentro.

Durante nuestra primera noche de reencuentro, de cómo se suscitaron los hechos, de verdad que corroboramos que la seguridad cubana operaba libremente en territorio mexicano, que mi amigo Raymat había estado expuesto, en más de una ocasión, a la detención en suelo mexicano para ser deportado a Cuba, hasta tuvo que sufrir un interrogatorio en el propio aeropuerto de Ciudad México, donde le preguntaron por qué tomaba un avión con destino a Caracas para regresar a la Habana, solo por poseer pasaporte cubano. ¡Qué tristeza!, ¡pero tenía su visa venezolana! ¡Orgulloso estaba de eso!

Recuerdo que hace algunos años, en la Embajada de Venezuela en la Habana, que quedaba en la 5ta Avenida y calle 70, entró un vehículo que lo hizo derribando la cerca peerles que protegía la sede, con el único objetivo de solicitar asilo político; ¡cuánta presión no hizo el gobierno cubano para que les entregaran a los autores del hecho!, ¡cuánto no amenazaron con romper relaciones diplomáticas!, y allí quedaron los autores, protegidos por el gobierno venezolano en suelo cubano, estuvieron muchos meses en calidad de asilados en territorio cubano, pero protegidos por el gobierno de Venezuela.

A veces no sé por qué estos momentos me hacen revivir los hechos con una nitidez extraordinaria, me parece estarlos reviviendo por segunda vez; ¿será que me impactaron tanto que han sido muy difícil de borrar de mi mente?, ¿o será que la lección aprendida fortalece aún más mi espíritu de lucha anti–castrista y anticomunista?, debe ser eso, muchos años de represión y opresión en los que viví sin perspectivas de vida y sin perspectivas de desarrollo.

Ya pasado de tragos y después de haber hablado con Luis, me fui con mis recuerdos a dormir, al día siguiente tenía que trabajar, era preciso descansar. Esa noche dormí muy profundamente, hasta tuve un sueño hermoso, de esos que hasta parece que se están viviendo, en ese mismo instante disfruté de él, y cuando desperté, hasta quise volver a dormirme y regresar a mi sueño.

La mañana en Caracas presagiaba lluvia, las laderas del Ávila estaban tapadas de densas nubes cargadas de lluvia, la brisa soplaba con fuerza y olía a humedad, la temperatura, aunque agradable, era fría, así que me abrigué, agarré mi paraguas y encaminé mis pasos hacia la oficina.

A solo cincuenta metros del residencial donde vivía, y al lado de la Universidad Vargas, se encontraba bien ubicado un quiosco de venta de periódicos y muchos artículos de uso frecuente, allí, al pasar, su dueño me presentó a un cubano recién llegado que venía por una de esas misiones, y a diferencia de los que ya conocía, este señor venía como entrenador de natación; había sido enviado por el INDER (Instituto Nacional de Deportes, Educación Física y Recreación de Cuba), y su misión era entrenar en un estado lejos de Caracas a un equipo de natación.

—Encantado —le dije al mismo tiempo que estrechaba su mano—, y ¿qué tiempo ya llevas aquí? —le pregunté.

—Cerca de un año —me dijo con cierto recelo, siempre pensando que ha conocido al tipo que lo detendrá, que lo llevará de regreso a Cuba, eso es característico de todo el que llega de la isla.

—¿Qué estás haciendo? —le pregunté.

—Nada, absolutamente nada, ¡deserté!, me ubicaron en el interior del país, como ya te dije de entrenador, y ahora estoy tratando de irme para los Estados Unidos, estoy indocumentado, tú sabes, a nosotros no nos dan documentos ni pasaporte para que no podamos movernos con soltura, ni inventemos fugarnos, ¿no lo sabías?

—Sí, escuché algo de eso, ¿dónde estás viviendo?

—Aquí, en el residencial de al lado, precisamente al lado de la casa de José —y me señaló al dueño del quiosco.

—Quizás pueda ayudarte en algo, ¿tienes teléfono?, dame tu número.

Anoté el mismo y me despedí con la promesa de volver a encontrarnos en los próximos días.

Cuando volví a verlo, ya habían transcurrido como quince días, y Gustavo, que así se llamaba el paisano, había comenzado a trabajar en un taller mecánico con unos colombianos; estaba contento, al menos se sentía útil y ganaba su platica, que malo no era, para aliviar sus gastos de vida. Quedamos en vernos esa tarde y sentarnos en cualquier cafetería de los alrededores para conversar y valorar la posibilidad de ayudarlo a lograr su propósito de emigrar a los Estados Unidos.

Alrededor de la seis de la tarde nos fuimos a una barra, pedimos unas cervezas y le fui directo al grano:

—Gustavo, la única forma que tú tienes de conseguir tu equilibrio emocional y social, es, primero, documentándote, aunque sea con un pasaporte y una cédula "chimba", eso te da cierta solidez en el país, ¿no crees?

—Sí, estoy de acuerdo contigo, pero, ¿cómo lo logro? —me dijo.

—Para eso estoy hablando contigo —le dije.

—¡Ah! OK, dime, ¿qué me propones?

—Sacarte un pasaporte venezolano y una cédula bolivariana que te permita moverte libremente por este país —le dije, y me pareció que había comprendido.

—OK, y ¿cuánto vale eso? —me preguntó con recelo.

—Eso te cuesta unos mil dólares, tomando en consideración ciertos gastos extras que son inevitables, ¿estás de acuerdo?

—Bueno, tengo que hablar con mi familia en Miami para que asuma estos gastos, aunque creo que podemos "echarle pichón" —me dijo.

—Bueno, si quieres vamos adelantando, ve ya tomándote las fotos de pasaporte y cédula requeridas —le dije.

Hablamos de otros aspectos comunes de la vida, nos tomamos un par de cervezas más y nos despedimos, fijando nuestro próximo encuentro dentro de tres días, ya con la respuesta definitiva, de su familia de Miami.

Llegué a la casa en unos quince minutos, me duché, comí, y me fui a la cama, quizás más temprano que de costumbre, deseoso de que regresara el sueño de la noche anterior.

Los días que siguieron a este encuentro fueron todos iguales, sin nada que cambiara la rutina diaria, hasta que llegó el día en que Gustavo y yo habíamos decidido reencontrarnos; ese día y alrededor de las seis acordamos vía teléfono vernos en el mismo sitio de la vez anterior. Llegué unos minutos antes que el nadador y al llegar me dijo:

—Vamos a hacer la operación, te doy una parte ahorita, quinientos dólares, y el resto el sábado que me lo envía —me dijo, de lo más emocionado porque su problema se iba a resolver, al menos "chimbamente". Brindamos por el negocio, con unas frías, Gustavo me entregó las fotografías que le había solicitado, y nos marchamos con la promesa de reencontrarnos de nuevo el sábado en la tarde.

Al día siguiente, plata en mano y fotos, me fui a la DIEX, me costó un poco de trabajo localizar a Isidoro, el funcionario mágico, como le decíamos, que resolvía los pasaportes y las cédulas vírgenes, o los "libros", como en ese mundo se llamaban. Después de casi dos horas de espera y dentro de uno de sus mostradores, apareció

Isidoro, con su sonrisa amplia de lado a lado, como si nada estuviera sucediendo; al verme me hizo señas que le esperara unos diez minutos, saldríamos a tomar algo; me senté en uno de esos asientos plásticos que deforman los glúteos y endurecen la columna, pero al menos te permiten descansar. Isidoro no demoró, salió y me hizo señas que lo siguiera por esos pasillos de extranjería poco iluminados y sucios, hasta que llegamos a la puerta principal, la de la Avenida Baralt. Fuimos a dar a una de esas cafeterías de mesas con manteles a cuadros en verde o en azul, daba igual, pero a cuadros, como las camisas, esas que se usaron en una época, de guinga, y allí tomando café y empanadas, le planteé la necesidad de conseguir un libro y una cédula.

—¿Trajiste la plata? —me dijo sin mucha dilación.

—Aquí la tengo —le dije.

—Dámela, y dame dos días máximos, vienes a verme como a esta hora y te entrego los documentos, eso sí, no tengo quien los llene —me dijo.

—No te preocupes, eso lo resuelvo yo —le dije.

—OK, quedamos así —le hice señas al mesonero, pagué la cuenta, y nos despedimos.

A los dos días, estaba de nuevo en la DIEX, esta vez me resultó más fácil localizar a Isidoro, acababa de llegar, y aún no recorría los interiores de extranjería. Me hizo señas de que le esperara, lo vi entrar por una puerta interior, desapareciendo de mi vista, a los pocos minutos apareció de nuevo con un sobre amarillo en la mano, el cual me alcanzó, supuse fueran los documentos solicitados. Al salir, en la misma esquina, revisé el sobre y corroboré que allí estaban los mismos, y pensé: «Ya casi Gustavo, está documentado».

Esa tarde, a pesar de la lluvia que caía, agarré el carro y me fui a la Guaira, llegué casi a las cinco y media a casa de Carlitos, el falsificador, y después de un breve saludo le extendí el sobre amarillo que había recibido de manos de Isidoro, diciéndole:

—Carlitos, esto me urge.

—Dame tres días, y te los entrego, eso sí, de las huellas y firmas, te encargas tú, ¿OK?

—No hay problema, esa parte es mía —le dije.

—¿Trajiste la mitad de la plata?, estoy "mamando" —me dijo.

—Por supuesto, pero si no me la pides, no te la hubiera dado —le dije riéndome.

—No importa, hay confianza mi pana —me dijo, devolviéndome la estocada.

Me marché por donde vine, por esa escalera estrecha que conducía al segundo piso de su vivienda, donde tenía todo lo que necesitaba para el trabajo, menos ventilación, hacía un calor allí dentro insoportable, o sería que los nervios me traicionaban, y por eso sudaba, vaya usted a saber, me dije.

En una semana había legalizado a mi paisano entrenador, ahora quedaba la tarea más arrecha, ¡sacarlo del país!

A los tres días, como habíamos acordado, me fui de nuevo a la casa de Carlitos, cuando llegué y tomando mis precauciones, noté que debajo de su casa había dos camionetas nuevas estacionadas, de esas que parecían de la PTJ (Policía Técnica Judicial), me senté en una silla plástica de un perro calentero que estaba ubicado enfrente, me comí sin deseos uno de esos perros flacos descoloridos y mastiqué todo lo que pude, dilatando el tiempo para asegurarme que podía subir, hasta le hice un par de preguntas discretas al del puesto de perros calientes, pero no conseguí información importante, no había visto ni sabía nada.

En eso vi que un hombre de chaqueta de cuero negra descendía de la casa, y otro se asomaba con igual propósito de bajar, aunque no lo hacía; esperé con paciencia, noté que uno de ellos hasta me observó, quizás fue sugestión, pero esa fue la impresión que me causó, dirigió su mirada hacia donde me encontraba; su compañero si bajó sin pararle bolas a nada, iba vestido como dije, con chaqueta de cuero negra, me imaginaba en ese momento el calor que debía haber pasado en el interior de la vivienda. Después que vi salir las camionetas, esperé unos cinco minutos, y secándome el sudor con el pañuelo, emprendí el ascenso por la escalera angosta que me llevaba a la casa del falsificador, eran las seis de la tarde de un hermoso día de sol, sin lluvias, ni nubes en el cielo.

—Hola, Carlitos —dije al ver a mi pana, abriéndome la puerta, y diciéndome no más verme.

—Pensé que ya no venías, es un poco tarde para ti —me dijo.

—Estaba enfrente, comiendo perros calientes y esperando que los PTJ se fueran contigo con los ganchos puestos —le dije y me sonreí.

—Sí, eran PTJ, pero no vinieron a llevarme, ni a ponerme los ganchos, ellos también requieren de mi trabajo y me pagan, ¿qué te parece?, ¿cómo te quedó el ojo? —me dijo emocionado, haciéndose el importante.

—Muy bueno, de haberlo sabido no me hubiera comido ese perro flaco lleno de salsa —le dije.

Se rio, al mismo tiempo que me decía que ya mi libro estaba, y comenzó a buscarlo dentro de la gaveta de su escritorio. Saqué de mi bolsillo el resto de la plata que faltaba, al mismo tiempo que me entregaba los documentos, dándome las especificaciones de rigor de lo que debía hacer con ellos. Me senté cinco minutos más, como eludiendo descender por aquella escalera de nuevo. Sequé mis gotas de sudor, guardé el pañuelo en mi bolsillo trasero del pantalón y me marché, dándole las gracias a mi amigo el falsificador.

No esperé al día siguiente, esa misma noche le hice una llamada a Gustavo, y con una almohadilla en mi portafolios le hice colocar sus huellas digitales en el libro y cédula, con la recomendación, de que, al día siguiente, plastificara la cédula, le coloqué el plástico al pasaporte y me despedí de él, preguntándole:

—Por fin, ¿aún persistes en irte para los Estados Unidos?

—Claro, lo que tienes que decirme es, ¿cuánto cuesta eso? —me dijo.

—Mañana te respondo, pero ve pensando en diez mil dólares mínimo.

—Eso es mucha plata, pero le diré a mi familia —y de esa forma nos despedimos.

Llegué a la casa, me preparé un trago de Vodka con jugo de naranja y me acomodé en mi sitio predilecto frente a mi hermosa montaña.

Capítulo III

LA MENTE SE me acomodó de nuevo y me hizo recordar que después de la operación de mi amigo Raymat, un compañero mío de trabajo en Cuba, me hizo una llamada, una de esas noches en que te encuentras melancólico, recordando tu pasado y presente, y lo que dejaste atrás, en tu terruño querido, mi padre, ya casi con ochenta años, pero fuerte.

Sonó el teléfono fijo, a eso de las nueve de la noche, cuando veía una película por la televisión local, me molestó que me desviaran del argumento, estaba interesante el filme, claro, no sabía que fuera de Cuba:

—Aló!, Aló!, ¿quién habla?, se escucha muy lejos —colgué.

Repicó como a los cinco minutos, y entonces la comunicación era más clara y nítida:

—Aló!, Ah!, ahora si le escucho bien, ¿quién me habla?

—Es Víctor, de Cuba —me dijo al instante.

—¡Qué sorpresa, carajo! No esperaba que fueras tú, ¿qué pasó? —le dije, preocupado por mi padre que sabía, él lo visitaba con cierta regularidad.

—No, nada, necesito me ayudes a irme pal carajo de aquí, no aguanto más, dime, ¿qué debo hacer?, y si puedes ayudarme.

—Claro que sí, mi socio, no faltaba más, para eso somos amigos —le dije.

Aunque, a decir verdad, en ese momento no tenía ni puta idea como iba a ayudarlo, no podía regresar con el cuento al señor Romaní de otro cubano que estaba en casa del "carajo", y había que traerlo. Lo cierto es que a pesar de los contactos que ya había hecho, ninguno los había utilizado, así que no sabía si eso funcionaba o no, pero le dije que sí, que me llamara en una semana que ya tendría respuesta. Le mandé recuerdos a mi padre diciéndole que le dijera que lo llamaría el fin de semana.

Después que concluí la conversación con mi amigo Víctor, regresé al sofá, pero no pude concentrarme en la película nuevamente, la llamada me había consternado y cogido de sorpresa, y no es menos cierto, debía encontrar la solución para cumplir con mi amigo.

Al día siguiente, a primera hora de la mañana me comuniqué por teléfono con uno de los contactos en extranjería, lo hice en un *break* que tuve en mis clases de computación.

—¡Aló!, necesito hablar con Roger, por favor —le dije a quién contestó el teléfono.

—Un momento, no cuelgue —me respondió.

Esperé unos cinco minutos aproximadamente y escuché que me respondían:

—¡Aló! ¿Quién habla? —me dijo.

—Mira soy yo, el cubano que conociste en el Parque del Este, hace como una semana, más o menos —le dije.

—¡Ah!, sí pana, ahorita me acuerdo, ¿cómo está usted? —me dijo.

—Muy bien, pero necesito hablar contigo en persona, ¿cuándo pudiéramos vernos?

—Si le parece bien, mañana en la mañana, a cualquier hora antes de las doce —me dijo.

—Perfecto, a las diez estoy allí, ¿en qué piso?

—En el tercero, al fondo —me indicó.

—OK, encantado de saludarle, mañana nos vemos —le dije y tranqué.

No tenía ni la más mínima idea de cómo era su físico.

Regresé a mis clases de computación, al menos esperanzado; por detrás de los cristales de la tienda, vi a un hombre elegantemente vestido que me hacía señas de que necesitaba hablar conmigo. Interrumpí momentáneamente la clase y le atendí, quería que le vendiera una computadora, le rogué que si podía regresar a las doce, que ya habría terminado a esa hora las clases, me dijo que volvería a esa hora y me dio su tarjeta de presentación. No hice más que concluir las clases cuando de una vez lo llamé, trabajaba en la torre de al lado, así que en pocos minutos se reunió conmigo en la tienda.

Le interesaba comprar un equipo completo con impresora y todo, le gustó la oferta que le hice y después de casi hora y media, me dio su conformidad de compra, me había ganado una buena comisión, era mi día de suerte. El señor Herrera llegó a eso de las tres de la tarde, aproveché y hablé con él de que al día siguiente debía concurrir a la DIEX para mis trámites de cédula, no le dije que era para solicitar una visa, no era correcto. Me autorizó, quizás por la excelente noticia de que le había vendido una computadora, pero así y todo, me dijo que tratara de apurarme, que no me demorara mucho en mi gestión.

El resto de la tarde la pasé preparando la próxima clase, pero se vendió muy poco en la tienda.

Ese día regresé y me acosté muy temprano, realmente estaba cansado, me imagino que por las horas que permanecía parado en la tienda, lo cierto es que me dormí alrededor de las ocho, y no comí, prefería dormir, solo dormir.

Al día siguiente, bien temprano me duché, me vestí, desayuné algo ligero, y encaminé mis pasos rumbo a la DIEX, era preferible llegar antes y esperar, si fuese necesario por la persona, que siendo yo el interesado, llegara tarde, así que a las nueve y treinta ya estaba en el tercer piso, en la oficina de Roger, el "pana", de la DIEX.

Lo vi salir de una de las puertas de la misma y le hice señas, me dijo, casi sin reconocerme:

—Espérame unos minutos, ya te atiendo.

En ese intervalo de tiempo, me asomé por una de las ventanas de la oficina de extranjería y me puse a observar las calles del centro de Caracas, qué sucias estaban, y hasta el mal olor llegaba al tercer piso, sin embargo, el Teatro Nacional, que quedaba contiguo al edificio de la DIEX, estaba recién pintado y muy limpio, ¿qué contraste, verdad?

—Señor Emilio, pase por acá —escuché la voz de Roger que me indicaba donde iba a atenderme.

—¿En qué le puedo ayudar? —me dijo.

—Mire, yo necesito solicitar una visa para traer a un amigo que se crio conmigo, somos como hermanos, aunque no llevamos el mismo apellido, y desea emigrar, ¿qué debo hacer?

—¿Usted es residente?

—No, solo hace un año y unos pocos meses que estoy aquí —le dije.

—Entonces usted no va a poder reclamarlo directamente, habría que buscar algún venezolano con su mismo apellido que se preste para dicha reclamación, o un cubano que ya sea residente —me dijo.

La tarea era difícil, el apellido de Víctor no era muy común, la cosa se complicaba.

—Señor Roger, ¿no podemos hacer otra cosa?, buscar quizás otra forma, quizás una visa de cortesía que la otorgue el gobierno, no sé, algo que no sea tan engorroso, ni complicado —le dije.

—Lo lamento, pero por aquí, ese es el procedimiento, no hay otro —me dijo, y me di cuenta de que ya había terminado la reunión.

Me despedí consternado, sin saber qué pasos seguir, era mi primer tropiezo en materia migratoria. ¿Qué hacer?

Pasaron los días, sin soluciones, ni esperanzas, solo trabajando, mientras se acercaba el día de la llamada con Víctor, que sería el próximo fin de semana. Este fin de semana llamaría a mi padre, como había quedado.

Por sugerencia de un paisano, fui al Centro Perú, en Chacao, con el propósito de entrevistarme con un cubano, que llevaba desde los años sesenta residiendo en este país, localicé su oficina de la planta baja, un escritorio jurídico bien montado, pregunté por él a su secretaria, me recibió casi de inmediato y comenzamos a dialogar. No sabía cómo entrarle a lo de la solicitud de visa, eso era complicado y quizás peligroso plantearlo así a boca de jarro, en realidad estaba indeciso y algo nervioso, la conversación continuó:

—¿Cuánto tiempo llevas aquí? —me preguntó.

—Año y medio —le dije.

—¿Ya estás trabajando?

—Sí, en una compañía de computación, en el Centro Plaza–argumenté.

—¿Te va bien?

—De maravilla, el dueño también es cubano—le dije emocionado.

—¿Te puedo ayudar en algo? —me dijo.

—He venido a verlo —me puse nervioso, poco creíble, tenía poca fe en esta gestión—, porque necesito resolver una visa para sacar a un cubano de la isla, pero, para poder solicitarla, debo ser residente, o de lo contrario que lo solicite un venezolano, pero ese trámite es muy demorado y engorroso, y puede complicar el asunto.

—Pero tiene que haber otra forma más expedita —me dijo.

—Yo pienso lo mismo, pero, ¿cuál?

—¿No has explorado la posibilidad de traerlo por otro país que tenga que hacer escala en Maiquetía y allí lo sacas?, ¿qué te parece la idea?, no es mala, ¿verdad?

—Creo que es buena, pero, ¿por cuál país? —le dije.

—Puede ser Colombia o Brasil, quizás, hasta Chile —me dijo.

—¿Cómo hago para conseguir una visa para cualquiera de esos países?

—Esto está lleno de colombianos, no sería tan difícil, pienso yo, no sé —me dijo con optimismo facial, se lo noté en el rostro.

—¿Conoces alguno que quiera echarme una mano en esto?

—Puede ser, pero tengo que pensarlo un poco, ven a verme la próxima semana, el martes en la tarde, ¿OK?

—Aquí estaré, sin falta —le dije y me despedí.

Estaban dando la noticia que el mes próximo se celebrarían elecciones para elegir a los miembros de la Asamblea Nacional, por la importancia de la noticia, me desvié de mis recuerdos y pensamientos, le di más volumen al TV para poder escucharla mejor, la oposición amenazaba con retirarse si el CNE, no ofrecía garantías, para la votación, que si los adecos y los copeyanos, no concurrirían a las urnas, etc., etc., etc.

Decidí, al finalizar la noticia, llamar a Gustavo, el nadador incógnito, a ver cuál era su decisión de abandonar el país.

—Gustavo, soy yo Emilio, ¿qué más ha habido?

—¿Se mantiene el viaje en el precio que me diste el otro día? —preguntó.

—Sí, ese es el precio, no hay otro —le dije.

—Con esa cantidad no puedo, pero necesito hablar contigo personalmente.

—Ven para acá, nos reunimos aquí en mi apartamento —le dije.

—Ya voy, en quince minutos estoy allá —me respondió y colgó.

Me fui derecho a la cocina y me tomé un vaso de jugo de naranja, sin Vodka, pero me provocaba; me senté a esperar que llegara Gustavo.

En efecto, a los quince minutos llegó mi paisano, se sentó en el sofá, justo frente a mí, y me dijo:

—¿Existe la posibilidad de que me saques para México, y por cuánto?

—En realidad, no sé, no he explorado ese camino nunca, pero puedo averiguarlo hoy mismo, si te interesa; además, quien saca para Estados Unidos, saca para México, ¿no crees? —le dije.

—Sí, me interesa, quizás sean menos reales y puedo cruzar la frontera, eso lo han hecho otros cubanos en fecha reciente.

—Sí, pero muy peligroso por el cruce del río Bravo y los coyotes —le dije.

—Bueno, todo es posible, pero arriesgado, hoy te doy la respuesta en la noche —le dije.

A los pocos minutos Gustavo se marchó, quedamos en vernos en la noche, tal y como le dije, yo lo llamaría.

Capítulo IV

COMO LE PROMETÍ a Gustavo, me fui a gestionarle el precio de su deseo y posibilidades de viajar a México, para eso tuve que bajar a la Guaira primero, y después hasta el aeropuerto, pero felizmente la gestión fue media satisfactoria, solo faltaría la aprobación de Gustavo. Llegué casi oscureciendo, y como él vivía en la torre contigua a la mía, lo llamé por el intercomunicador de dicha torre:

—Gustavo, soy yo, Emilio, ven para mi apartamento, te tengo buenas noticias —le comuniqué.

Traté de ser lo más optimista posible.

—Ya voy, en veinte minutos, estoy cocinando —me dijo y colgó.

—OK, te espero en ese tiempo —le dije.

Subí a mi piso 24, me refresqué frente a mi ventanal y me preparé un jugo bien frío para esperar a mi amigo. Los veinte minutos pasaron volando, apenas casi me dio tiempo a tomarme mi Fruit Punch. Sonó el timbre, era mi amigo Gustavo.

—Siéntate —le dije al entrar.

—¿Qué averiguaste? —me interrogó esperanzado.

—Puedo sacarte para México cuando tú decidas, el costo de la operación es de seis mil dólares, sin el pasaje, que lo sacas tú cuando te diga que debes hacerlo.

—¿Te parece bien? —le pregunté.

—Creo que puedo hacer un esfuerzo —me dijo y agregó—, pero, ¿no podríamos incluir el pasaje en los seis mil dólares?

—No creo, pero puedo consultarlo, de todas formas, separa el costo del pasaje por si acaso —le dije.

—¡Me quiero ir ya! —me dijo.

—Cuando me entregues la plata te vas, a los dos o tres días, a lo sumo —le dije.

—Mañana te doy el dinero —me dijo.

Se iba a marchar cuando le dije:

—Gustavo, ¿quieres tomarte un whisky?

—Bueno, mal no me viene.

—Entonces ponte cómodo —le dije.

Al regresar con los tragos servidos, me senté frente al entrenador de natación y le pregunté:

—¿Por qué saliste de Cuba, si querías irte para los Estados Unidos? O sea, más bien, ¿por qué escogiste esta vía para irte para Miami?

—Porque aunque no lo creas, es la más segura, al menos eso es lo que se maneja en Cuba, quiero que sepas que muchos cubanos que han venido en misión, se han marchado a Miami por varias vías, una por la vía del aeropuerto de Maiquetía, directo a Miami, otra cruzando la frontera por Cúcuta, vía Colombia, y de ahí, Estados Unidos. Quiero que sepas que en Miami ya existe una comunidad de cubanos que han emigrado por las vías que te he expuesto, y a esa comunidad la llaman de "Barrio Adentro", ¿qué te parece?

—No sabía eso, la verdad —le dije.

—La mayoría de la gente que viene en esas misiones, viene para poder salir de Cuba, conocer otro país, y de paso comprar artículos de primera necesidad para su familia y para ellos, que envían regularmente a Cuba, con amigos o pilotos de Cubana de Aviación. A nadie le importa los logros de la revolución de Fidel, ni de Chávez, lo que necesitan es vivir y mantener a su familia, como Dios manda, y de paso los ven como unos héroes internacionalistas en Cuba, ¿no crees?

—Eso pienso yo también —le dije, y brindamos vaso en mano—. Ahora, ¿por qué los tienen indocumentados en este país, sin pasaporte ni nada?

—Coño, Emilio, para que no puedan fugarse, para que no se relacionen con nadie que pueda inculcarles las "maravillas del capitalismo", que los llevaría a abandonar el país y desertar de las misiones —me dijo.

Pensé que tenía razón, si los tenían documentados, el riesgo era muy grande, había que evitarlo, se desprestigiarían las misiones y las deserciones se incrementarían, en fin el despelote, ¿no les parece?

—Bueno, vamos a disfrutar de lo bueno del capitalismo, y al "carajo", la vela, como dicen en Cuba.

Cambiamos el tema, pero era inevitable que, en uno u otro punto, surgiera alguna que otra crítica al sistema de la isla, eran muchos los años de sufrimiento y de aislamiento obligatorio. Nos bajamos la botella más o menos en una hora, y le rogamos a Dios que todo le saliera bien, a mi amigo el nadador.

Gustavo se marchó y yo me quedé sentado contemplando mi querida y bella montaña, sus escasas luces nocturnas, sus torres de electricidad, señalizadas con focos rojos (una que otra estaba fundida) para los aviones, las luces fuertes del hotel Humboldt y las nubes que a veces cubrían, como esa noche, una parte de la cima. La brisa me aclaraba la mente, el sereno y la quietud de la noche reordenaban mi cerebro, alimentaban mi espíritu, solo me faltaba el oxígeno puro de una hermosa mujer morena.

El martes en la tarde, como quedé con Luis, que así se llamaba el cubano del escritorio jurídico de Centro Perú, me personé en su oficina, allí estaba, lucía una guayabera blanca impecable, y unos lentes graduados de armadura dorada. Al verme me invitó a sentarme, y me dijo:

—Tengo un colombiano que está dispuesto a invitar a tu amigo a Colombia, claro, hay que pasarle una "vaina", por el favor, ¿estás de acuerdo?

—Me parece bien —le dije, y agregué—: ¿y cuándo podemos lograr eso?, me urge que mi amigo salga del país, eso sí, dime de cuánto es la "vaina", que hay que pasarle al colombiano.

—Bueno, me parece que eso puede ser ya, hay que poner una carta de invitación del colombiano a tu amigo en el consulado de Colombia, en este país se legaliza y se le envía a Cuba; con esa carta de invitación, él solicita su permiso de salida al gobierno cubano —me expresó Luis, y agregó—. Por la "vaina", no te preocupes, no es mucho, nos arreglamos después.

—Bueno, vamos a darle —le dije.

—Ven mañana en la mañana, o, mejor dicho, vamos a adelantar, espérate un poco aquí, lo voy a mandar a buscar para que lo conozcas —me dijo.

Esperé afuera como una hora, hasta que llegó un señor de unos treinta y nueve años, cuyo acento era inconfundible, era colombiano, de pura cepa, me saludó, como también lo hizo con la secretaria y los presentes, y fue directo a la oficina de Luis, el cual, al verlo, le dijo:

—Siéntate, por favor; ¡Emilio, pasa para acá! —me dijo.

—Este es mi amigo, el colombiano de quien te hablé.

—Encantado —le dije.

—Un placer —me devolvió el saludo.

—Pónganse de acuerdo —y se marchó de la oficina, dijo Luis.

Hablamos con franqueza, sin tapujos, le ofrecí un regalo compensatorio, y le dije que necesitaba que eso fuera lo antes posible. Estaba dispuesto a hacerlo de inmediato, así que, sin más dilación, allí mismo confeccionamos la carta de invitación a Colombia, solo faltaban algunos datos de mi amigo, que se los insertaría al día siguiente, pero ya la misma había quedado confeccionada y firmada. Solo faltaría legalizarla y enviarla para Cuba, cuestión de una semana, quizás, a lo sumo, calculé.

En el resto de la tarde, me incorporé al trabajo, en mi compañía de computación. La tarde había sido próspera y fructífera, pero en la tienda no se vendió casi nada.

Salí más tarde de la tienda de lo acostumbrado para compensar las horas que había invertido en mis gestiones migratorias, serían pasadas las ocho de la noche, me fui derecho a la casa, y al llegar, el contestador telefónico tenía un mensaje, era de Víctor, estaba desesperado, y me decía que ya se había quedado sin trabajo, no tenía de qué vivir. Así era mi país, mi querida Cuba, la isla "zozobra", donde nunca se sabe que va a ocurrir en las próximas horas. Ni quien va a desaparecer para siempre, solo por tener ideas diferentes a las del gobierno dictatorial. ¡Qué vergüenza!

Le devolví la llamada en cuanto pude, y le di la noticia de su carta de invitación, lo cual mejoró enormemente su estado de ánimo, hasta le cambió la voz; le pedí los datos que faltaban por incluir en la carta, me los dio, y le dije:

—Espera más o menos una semana, que calculo que en ese tiempo la recibas, lo demás depende de ti; cuando lo tengas todo, hasta tu permiso de salida, me avisas para ponerte el pasaje a Bogotá, con escala aquí en Caracas, después yo te saco del aeropuerto, cuenta con eso —le dije—, y no preguntes esas cosas por teléfono, te pueden perjudicar, ¿OK?

—Bueno, sabes que confío en ti, dejo eso en tus manos —me dijo y cortamos la conversación.

Solo faltaba legalizar la carta de invitación y enviársela cuanto antes a Cuba. ¡Paciencia!

En el transcurso del fin de semana llamé a mi padre, el cual, quería venirse a vivir conmigo, que no tenía a nadie en Cuba, que nuestra familia estaba en otra provincia, muy lejos de la capital, que ya estaba cansado de las colas, y de lo mismo siempre, "de la maldita política, de la invasión (que nunca llega) de los yanquis, de la falta de todo, de comida, de ropa, y de Fidel", al menos eso fue lo que me manifestó, le dije:

—Tranquilo, no te desesperes, y cuando estés listo, me lo haces saber para realizar los trámites correspondientes.

Capítulo V

LO DE VÍCTOR se legalizó en un par de días, y de inmediato la envié para Cuba. Me mantuve trabajando en el negocio del señor Herrera, aunque en realidad sabía perfectamente que no iba a poder continuar con ese horario regular y fijo que tenía, debía hacer gestiones personales, migratorias, que al final, me hacían incumplir con el horario de trabajo, y eso, no era bueno, creaba no solo malestar al dueño, sino que perjudicaba mi reputación laboral, acabado de llegar a este país, así que consideraba debía tomar decisiones en los próximos días, y dejar el trabajo, o ajustar con autorización del jefe, mi horario, lo cual veía imposible de lograr. Pasé esa semana, entre proponerle al jefe algún arreglo o renunciar; con esa indecisión, llegó el día en que recibí la llamada de Víctor, donde me comunicaba, que había recibido la carta de invitación, y no solo eso, sino que la había llevado a inmigración para su tramitación; allí en inmigración le dijeron que demoraba unos quince días en procesarse.

—Bueno, ya va corriendo —le dije con optimismo. ¡Quedó satisfecho!

Tal y como habíamos acordado, al día siguiente Gustavo (mi amigo el nadador), se apareció alrededor de las seis, con la plata para su salida:

—¡Cuéntalo!, hay seis mil, aunque te agradezco, si puedes separar el pasaje con ese dinero, me harías un gran favor —me dijo.

—Imposible, ya lo consulté, y me dijeron que no, que el pasaje era aparte —le dije.

—Bueno, yo creo que se puede separar desde Miami, ¿verdad?

—Por supuesto, eso se puede hacer desde donde quieras —le dije.

—Esperemos que mi familia no se "arreche", ya ha gastado mucho con esto de mi salida —me dijo.

—Está correcto, seis mil —le dije.

—Bueno, ahora dime, ¿cuándo me voy?

—Esa noticia te la doy mañana —le dije—, a esta misma hora.

—Ya estoy listo —me dijo—, cuando tú quieras.

—Lo sé, lo sé, mañana te digo, posiblemente sea el próximo viernes a las seis de la mañana, debes estar en el aeropuerto, Mexicana de Aviación, pero déjame confirmarlo, ¿OK?

—Pero tú me llevas al aeropuerto, ¿no? —me dijo preocupado.

—Claro, mi amigo, cuenta con eso —le dije.

—Bien, mañana a esta hora nos vemos —me dijo y se despidió.

Me fui a la cama sin bañarme ni comer, prefería descansar, dormir, relajarme, meditar.

Lo de Víctor marchaba, creía que al principio del otro mes estaríamos reunidos, y más o menos así fue, antes de que se cumpliera la primera quincena de presentar su salida en inmigración, ya tenía el permiso de salida de Cuba, cuestión esta muy difícil y prolongada, navegó con suerte, trabajaron rápido los "rojos", querían salir de él, pensé.

Me llamó una noche para pedirme que le pusiera el pasaje, que ya estaba listo para venirse, así lo hice, le fijé el vuelo para un sábado para poder esperarlo sin presión, sin angustias, ni prisas. Víctor saldría de Cuba, destino a Bogotá–Colombia, con escala en la ciudad de Caracas–Venezuela.

Llegó el día esperado, no solo por él, sino por mí también, ya este era el segundo que se libraba del comunismo, del hambre y la miseria, y la falta de libertad. El avión llegó justo a la hora programada, aunque yo estaba desde hacía dos horas en el aeropuerto, localizando al jefe de la DISIP, el cual apareció como en una hora aproximadamente, le dije al sentarnos en el restaurante la Remolacha que tanto me gustaba.

—Ray, en este vuelo que llega de la Habana, viene un amigo mío que es como un hermano para mí, él viaja con visa colombiana, pero en realidad aspira a quedarse aquí en Venezuela, necesito que me ayudes y me permitas llevármelo, ¿puede ser? —le dije.

—Dame su nombre completo, y si sabes cómo viene vestido, mejor —me dijo.

—No sé cómo viene vestido, pero aquí está el nombre completo —le dije, y le extendí un papel con el nombre escrito.

—A ese vuelo aún le faltan unos veinte minutos, no te muevas de aquí, yo te lo traigo o te lo mando con un funcionario, pero debes firmarme unos papeles antes. Bueno, quédate aquí, también te los traigo y los firmas —me dijo y se marchó.

Me quedé sentado en el bar del restaurante, desde donde se podía ver toda la pista, lo cual permitía saber cuándo aterrizaba ese vuelo; pedí una cerveza y me recreé mirando como los aviones despegaban y aterrizaban, esperé pacientemente que mi amigo Ray entrara por la puerta del restaurante con el cubano. A pesar de que el avión llegó en tiempo, el chequeo de los pasajeros hizo más larga la demora de reunirme con Víctor.

Desde el ángulo en que me encontraba, si ellos llegaban al restaurante, no podían verme, y yo a ellos sí, aproveché y pedí otra cerveza, estaban exquisitas, frías, vestidas de novia. ¡Al fin!, vi aparecer a Ray, y a su lado, le acompañaba mi amigo Víctor, ¡qué desmejorado estaba!, parecía que tenía una enfermedad, ojeroso, se le salían los huesos de la cara, los pómulos, su nariz lucía enorme, y pensé que tiene que estar enfermo, ¡qué clase de rollo me he buscado!, pero bueno, para eso son los amigos. Me buscaron por todos lados hasta que logré hacerles señas y vinieron hacia mí.

—Hola, "bicho" —le dije, utilizando el apodo que siempre le decía en Cuba, le di un abrazo efusivo y pedí tres cervezas más para brindar por el recién llegado.

—Emilio —me dijo Ray—, te traje los papeles, debes firmar por aquí todas estas copias, pones tu cédula y tu dirección y teléfono, para cualquier cosa que pudiera ocurrir. Simple formulismo —me dijo al final.

—Bueno, "bicho", cuéntame cómo te fue con tus gestiones migratorias —le pregunté—, y con tu renuncia al Partido Comunista de Cuba, porque renunciaste, ¿verdad?

—Claro que sí, pero me busqué un problema, no querían aceptarme la renuncia, porque no sé si sabes, que, a los militantes del partido comunista no les aceptan renunciar, sino que el partido los expulsa, y eso me ocurrió a mí, ¿qué te parece?

—Nada, eso es así, si no renunciaste, me trajiste el carné del partido, ¿verdad? —nos reímos.

—Bueno, ya saliste de ellos, ya estás en tierras de libertad —le dije.

—Emilio, ¿tú vives muy lejos de aquí? —me preguntó Víctor.

—Bastante lejos —le dije.

Le di la mano a Ray y las gracias, le entregué los papeles y me fui con mi amigo rumbo a la casa. Todo había salido bien, mejor imposible, ¿te imaginas que Víctor hubiera tenido que seguir viaje hasta Bogotá?

Mientras más avanzábamos por la autopista, más sorprendido se sentía mi amigo, no estaba acostumbrado a ver tantos vehículos, ni tantos anuncios lumínicos, y sorprendido, sobre todo, porque no se había ido la luz. A unos cinco kilómetros de la casa nos detuvimos a comprar unas cervezas, en un abasto, Víctor al ver la carne en una nevera a través del vidrio de exhibición, se quedó perplejo, hacía años que en mi tierra eso no se veía. ¡Qué tristeza verdad!

A la mañana siguiente me levanté bien temprano, me fui derecho a la Guaira y después al aeropuerto para liquidar y puntualizar lo del viaje de Gustavo y fijar su fecha de salida para México. Contacté con inmigración, con los de la línea aérea, y acordaron montarlo en el avión, como yo le había dicho, el próximo viernes, y debía estar a las seis de la mañana en el aeropuerto. Ya se iba otro de barrio adentro, uno menos para las misiones.

Llegué temprano a la casa, llamé a Gustavo, le comuniqué la fecha de su vuelo a México, y le dije que sacara el pasaje para ese día, el viernes por Mexicana de Aviación.

Capítulo VI

EL DÍA DE salida de Gustavo llegó, yo mismo lo llevé al aeropuerto, tempranito en la mañana, allí lo dejé como si quien lo hubiera llevado hubiera sido un taxi, me despedí de él deseándole suerte en su propósito. El día había amanecido esplendoroso, despejado, aún se observaba en el firmamento, la luna, aunque muy tenue, ya empezaba a disiparse, el sol calentaba cada vez más fuerte. No abandoné el aeropuerto, me fui derecho a una cafetería a desayunar, tenía que hacer tiempo y esperar que mi amigo abordara el avión; pagué la cuenta, y me fui derecho al estacionamiento, salí del mismo incorporándome en breve a la autopista, me detuve en el hombrillo, puse las luces de emergencia, me bajé del carro, y me recosté en él, desde donde podía observar la pista del aeropuerto, y la salida de Mexicana de Aviación, que ya solo le faltarían, unos diez minutos para despegar. Los rayos del sol se reflejaban encima de la pista, y aunque no podía divisar el avión de mexicana, cuando comenzara a agarrar el *taxiway*, lo vería despegar, así que tuve paciencia y esperé el tiempo requerido. Estacionado allí, y con las luces de emergencia encendidas, dos grueros pararon para remolcarme, ¡qué eficiencia!, pensé.

No tardó mucho, el cálculo que eché fue preciso, a los doce minutos exactos, asomó la nariz del Boeing 727 de Mexicana de Aviación, que llevaba a Gustavo a bordo; solo restaba confirmar, si habían logrado montarlo. Utilicé mi teléfono celular, llamé a mi "pana", de inmigración, el cual confirmó que lo había montado, el nadador en unas pocas horas aterrizaría en Ciudad México, sin nadar. Los venezolanos para viajar a México no necesitan visa, por eso era relativamente fácil la operación. Solo nos restaba esperar hasta el día siguiente en que venía otro vuelo de Ciudad México, si en ese vuelo

46

no enviaban a Gustavo, todo había salido bien. Recuerdo que mi amigo Gustavo portaba documentos falsos venezolanos, pero de una perfección extrema, casi imposible de detectar ¡Roguémosle a Dios!

Esa noche estaba intranquilo, casi no pude dormir, di muchas vueltas en la cama, hasta saqué la sábana de su sitio y dormí a colchón pelao, algo no marchaba bien, me dije, esas señales no eran buenas, algunas veces esto me ocurría. Desperté a eso de las cinco de la mañana, me fue imposible conciliar de nuevo el sueño, estaba muy intranquilo, algo inesperado había ocurrido. Yo no era supersticioso, pero me dejaba guiar a veces, o las más de las veces por las intuiciones, y estaba en presencia de una de ellas, no aguanté la incertidumbre, y a pesar de ser muy temprano, agarré el teléfono y llamé a mi amigo Alfredo de inmigración.

—Epa Alfredo, ¿qué hubo es Emilio?, perdóname que te llame a esta hora; dime, ¿se sabe algo del vuelo de ayer de México? —le pregunté.

—No, ¿por qué? —me dijo y me preguntó—, ¿tú sabes algo?

—No me jodas que tú no sabes por qué —le dije.

—¡Ah! Si lo dices por el gordito que despachamos.

—Claro, hijo mío, ¿no ha regresado?

—Eso se sabe en una hora más o menos —me dijo, y agregó—: Llámame, yo voy a estar aquí, pero no te preocupes, si viene devuelto, yo lo saco de aquí.

Así nos despedimos, hasta que, pasada una hora, lo volví a llamar.

—¿Qué fue, se sabe algo del "gordito", que embarcaste? —le dije.

—El vuelo acaba de llegar Emilio, dame unos quince minutos.

Esperé con tremenda impaciencia, me fumé, no sé, seis, siete u ocho cigarrillos, bebí café, y me corté las uñas.

No necesité llamar a Alfredo a los quince minutos, sonó mi celular y supuse que era Alfredo, vi su número en la pantalla de mi celular.

—Emilio, llegó detenido de Ciudad México con un custodio de inmigración, ahorita está en PTJ, pero ya voy a sacarlo, hay que dar algo de plata, ¿sabes?

—Dala tú, no jodas, ¿quieres más? —le dije y entendió.

—OK, OK; todo se resuelve en el mundo de los vivos, no hay nada nuevo bajo el sol —me dijo citando al Eclesiastés, y cerró.

Esperé que volviera a llamarme, me desesperé, transcurría el tiempo sin noticias, y lo peligroso de esto era que se lo llevaran para la Central, allí si estaba difícil sacarlo. Debía confiar en Alfredo, no había otro remedio. A las dos horas exactas realicé una llamada a otro de los "panas", de inmigración, y me dijeron;

—Emilio, no te angusties, ya salió, va en camino —me dijo.

—OK, ya hablaremos —le dije.

Las horas parecía que no transcurrían, el reloj se había detenido, Gustavo no acababa de llegar, me serví un trago doble de Vodka con jugo de naranja y me recosté en el sofá. Aunque creía fielmente que ya habían sacado a Gustavo de la PTJ y que estaba en camino hacia la casa, no es menos cierto que ya conocía los métodos que adoptaban algunos policías, tales como seguirlos, apresarlos nuevamente, chantajearlos, extorsionarlos, y hasta volverlos a detener, solo con el objetivo de cobrarles una fuerte suma de dinero. Casi llegando a la casa, Gustavo se comunicó conmigo, y me dijo:

—Emilio, espérame, ya estoy llegando —me dijo.

—Sí, aquí te espero, he estado al tanto de lo ocurrido, aunque no sé los detalles exactos —le dije—. Bueno, dale, aquí estoy.

En solo veinte minutos llegó Gustavo con su cara desencajada, que debía ser por la mala noche que seguro había pasado, puso su bolso en el piso y se desplomó en el sofá, respiró profundo y comenzó a hablar:

—Llegué a Ciudad México y me puse en la cola de chequeos de documentos, en la inmigración mexicana, estaba lenta la misma, había pocos funcionarios realizando el chequeo, además, observé que estaban haciendo muchas preguntas, pero no sabía cuáles; traté de relajarme, respiré todo lo profundo que pude y me calmé; me fijé que algunos pasajeros de mi vuelo no seguían el mismo rumbo o destino, algunos se dirigían a recoger sus equipajes, otros pasaban a ser entrevistados por otros funcionarios de la inmigración, pero en otro mostrador. Cuando me tocó el turno, el funcionario de inmigración se acercó a mí desde su mostrador y me pidió mis documentos, o sea pasaporte y cédula de identidad, me hizo las siguientes preguntas: "¿Es usted venezolano?"; "Sí, soy venezolano, aunque nací en Cuba", le dije; "¿Cuántos años lleva en Venezuela?", le respondí: "Como diez años, más o menos", me dice: "Cánteme una estrofa al menos del Himno Nacional de Venezuela".

»Sudaba copiosamente, las manos las tenía frías, se me nubló la mente, el habla la perdí, traté de controlarme, pero me parecía imposible, solo pude atinar, a refugiarme, a dar una excusa religiosa a lo que me solicitaba hiciera el funcionario, le respondí: "No me lo sé, se lo aseguro", empecé a sudar y le dije: "Soy testigo de Jehová, no puedo aprenderme el himno, ni cantarlo, mi religión me lo prohíbe", él me pregunta: "¿Usted conoce Catia la Mar?", me soltó otra pregunta y le dije "Sí, como no, está después del aeropuerto", le dije; "¿Y Carayaca?", me preguntó sin darme tiempo de respirar, le dije: "Ese lugar no lo conozco"; "¿Cuál es el nombre del alcalde mayor de Caracas?", me preguntó y le dije: "La verdad, ni pendiente con eso, no me acuerdo, ya le dije que no soy político, soy religioso, y se lo repito, testigo de Jehová", él me dijo: "Mire, señor, haga el favor de dirigirse a aquel mostrador", y me indicó con el dedo, muy amablemente, hacia donde debía dirigirme.

»Al llegar al mostrador indicado, el funcionario mexicano me solicitó, sin saludarme, ni darme los buenos días, mis documentos, al mismo tiempo que me indicaba que me alejara un poco del mostrador. Eso para mí constituyó un mal síntoma, algo no marchaba bien, agarré mi bolso y me alejé, me sentí como si fuera un delincuente, aunque en realidad lo era, pasaporte falso, cédula falsa, ¡y cubano!, estaba completo, ¡terrorista!, pensé yo. El funcionario, después de analizar mis documentos y registrarlos en pantalla, me hizo señas que lo siguiera; recorrimos unos cien metros a través de un pasillo interior del aeropuerto, muy iluminado, hasta que fuimos a dar a una oficina donde había otros funcionarios aeroportuarios de completo uniforme, que de inmediato me indicaron un asiento y me dijeron que esperara.

»Aquello se había "jodido", no había duda al respecto. Puse mi bolso al lado mío y esperé con resignación la decisión final que las autoridades tomaran sobre mi caso. Eran las tres de la tarde, de ese mismo día, y aún estaba en el mismo sitio, y con la misma incertidumbre; hablé con uno de ellos, que era el que me parecía más asequible, o sea más abordable, le dije que necesitaba comer algo, que estaba allí desde las nueve de la mañana, se ofreció de inmediato para comprarme algo de comer, le di dinero, y desapareció por una puerta, contigua a mi asiento; no tardó mucho, la verdad, me trajo un jugo y un sándwich, que me cayeron de maravilla; le di las gracias, al mismo tiempo que le pregunté: "¿Sabes algo de mi caso?", me dijo: "Solo lo que se comenta que eres un ilegal, como muchos otros, y que te deportarán a Venezuela en el vuelo de mañana", me dijo, y agregó: "Te irás con un funcionario de inmigración de México que llevará tus documentos y los entregará a la Policía Técnica Judicial de Venezuela. No sé nada más", concluyó. Y, para qué quiero saber más, ya con eso es suficiente, me dije, se me fueron seis mil dólares más, y no he logrado mi propósito. "Bueno, eso que me dices, ¿es cierto y oficial?", le pregunté, me respondió: "Es lo que se dice, pero tú no has sido el único que ha pasado por eso, así que estoy seguro saldrás bien de esta", me dijo.

»Terminé de comer, apenas sin deseos, y me recosté un poco en la silla en que me encontraba, me dormí, estaba muy cansado. Perdí la noción del tiempo, cuando un funcionario me despertó y me condujo a una oficina donde me hicieron una serie de preguntas, entre ellas, si pensaba cruzar la frontera con Estados Unidos, que si era guerrillero o narcotraficante, que si estaba con el gobierno de Chávez, que quién era mi contacto en México, etc. Me condujeron a otro cubículo donde me brindaron café, y me dijeron que me darían almuerzo, que me acomodara en un asiento, este era mucho más cómodo que la silla del anterior, aquí se podía dormir plácidamente, pensé yo. Saqué de mi bolso una franela, la enrollé en forma de almohada, y la coloqué debajo de mi cabeza entre el respaldar de la butaca y mi mano, me dispuse a dormir, no había nada que hacer, solo esperar.

—Voy a preparar un almuerzo, y algo de picar y beber, nos hace falta, ¿no crees?

—Sí, buena idea, me quedo aquí en la tarde, no quiero regresar a mi apartamento hasta la noche, no quiero encontrarme con la cubana —me dijo.

—OK, ¿qué quieres tomar, cerveza o whisky?

—Whisky con hielo, es mejor más fuerte, lo necesito —me dijo.

Me fui derecho a la cocina a preparar los tragos, y algo de pasa palos que picar, me encontraba apesadumbrado, estaba consternado por lo de Gustavo, había sido un revés, y ahora tenía que buscarle una solución a su caso. No era primera vez que me veía en un caso como ese, aunque si con México, esto podía acarrear otras consecuencias, por ejemplo, un informe de Gustavo a la inmigración americana que lo fichara en sus archivos y pusiera un freno a sus intenciones migratorias hacia Miami. Además de las consecuencias que pudieran presentarse con las autoridades venezolanas chavistas tomando en consideración la procedencia del entrenador, ¡desertor de misión!

—Mira a ver si lo quieres más cargado —le dije, dándole el whisky con hielo.

—No, así está bien —me dijo.

Coloqué el plato con jamón, queso y aceitunas, en la mesita de centro, y me senté frente a mi amigo a disfrutar de mi whisky:

—Continúa con tu relato Gustavo —le dije.

—La noche la pasé allí mismo, pasé frío, y ni una palabra de lo acontecido, los funcionarios que me habían atendido me pasaban frecuentemente por delante, pero sin ninguna explicación de mi caso, todo estaba en suspenso, aunque ya yo tenía el elemento que me había dado el funcionario, que me trajo algo de comer. En la noche llegaron otros pasajeros que ocuparon los asientos restantes de la oficina, pero no venían de Caracas, sino de Quito, Ecuador; me manifestaron "que no sabían por qué estaban confinados allí, no estaban ilegales, no sabían nada", ¡pero sabían mucho!, estaban iguales que yo, de eso estaba seguro.

»Los ecuatorianos apenas durmieron, ni me dejaron descansar a mí tampoco, recuerdo que me desperté a eso de las cuatro de la madrugada y aún estaban despiertos; decidí no dormirme, esperé el amanecer, o quizás antes, para retornar a Caracas. Efectivamente, en breve vinieron por mis dos funcionarios de inmigración y me condujeron hasta la aeronave; uno de ellos se sentó a mi lado, sin hablarme, pero transmitiéndome con su mirada que no me moviera del asiento, sin consultárselo. Estaba preso a bordo. Veinte mil pies de altura, un policía de inmigración, la aeromoza, y el resto de los pasajeros, me acompañaron de regreso a la capital venezolana. Seis mil dólares en juego, un destino y mi propia libertad en tierras de libertad. ¡Aterricé!

»Regresé a mi punto de origen, como ya se había informado por radio, iba de regreso un pasajero ilegal, había dos funcionarios de PTJ en la escalerilla del avión esperándome, el funcionario mexicano que me acompañaba le entregó mis documentos a los que me esperaban, y allí terminó su función. Me trasladaron hasta la oficina de PTJ en el aeropuerto y allí me retuvieron hasta que Alfredo llegó y sobornó al funcionario que era mi custodio, ¿qué te parece?, lo demás ya tú lo conoces.

—Bueno, al menos estás aquí, y no preso o desaparecido (fui muy trágico, lo sé).

—Sí, ese es el consuelo —me dijo—, pero, ¿qué vamos a hacer?, no quiero perder la plata, solo quiero irme, ¿entendiste?

—Sí, lo sé, déjame ver que ocurre mañana cuando hable con los "panas", de inmigración —le dije.

Terminamos la velada hablando de cosas disímiles, sin mencionar siquiera las vicisitudes que mi amigo Gustavo había pasado en tan solo veinticuatro horas y en diferentes países. Gustavo era un individuo sin decisión, y cuando la tomó, le salió mal, ¡qué jodienda, verdad!

Nos despedimos alrededor de las once de la noche, se marchó a su casa con el compromiso de volver a vernos y de darle solución al problema de su salida de Venezuela. Era vital que se marchara y comenzara una nueva vida en otro país.

Capítulo VII

CUANDO SALÍ DE Cuba, o mejor dicho, antes de salir, contraje un compromiso vecinal de ayudar o resolver la salida definitiva del país de uno de los hijos de Isidro, el cual era uno de nuestros vecinos más confiables de la urbanización. Aunque a mí se me hubiera olvidado, una noche de esas que uno más disfruta, sonó el teléfono fijo del apartamento:

—¡Aló!, ¿quién habla?

—Es de Cuba, habla Isidro, ¿y quién habla por allá? —me dijo con soltura.

—Oye soy yo, Emilio. Se escucha muy mal, pero podemos hablar, habla duro —le dije.

—¿Cómo te va por allá? —me preguntó.

—Muy bien Isidro, aunque extrañando bastante —le dije de corazón, la nostalgia me consumía.

—Mira Emilio, no tengo mucho tiempo para hablar, tú conoces como es esto aquí —me dijo—, necesito me ayudes a mi hijo Grey a salir del país, hace unos días lo llamaron al ejército, y ya sabes cómo está, que si sigue así, lo van a meter en la cárcel por lo rebelde que se ha puesto, y no quisiera que eso pasara, en lo único que piensa y de lo único que habla es de irse del país, ¿me puedes ayudar?

—Con gusto Isidro, pero estoy preocupado, si dices que está en el ejército, eso va a resultar más difícil aún, ¿no crees?

—Bueno, pero prefiero arriesgarme de esta manera, y no que mi hijo caiga preso —me dijo con la voz entrecortada.

—OK, está bien, vamos a comenzar los trámites, ve sacándole el pasaporte, voy a ponerle una visa de turismo, haz todo en absoluto silencio, ¿sabes lo que te estás jugando si esto se descubre? —le dije—. Recuerda que tu hijo está en el ejército en estos momentos, y si algo se filtra pudieran encerrarlo y declararlo desertor, no tengo que decirte los años de cárcel que le saldrían.

—¡Lo sé!, pero prefiero que sea así, arriesgándome —me dijo.

—Bien, te llamo la semana que viene, pero dame otra vez tu teléfono —le dije.

Anoté su número y le volví a recordar que todo lo hiciera en silencio, en eso estribaba el éxito de la gestión. Charlamos un par de minutos más y nos despedimos hasta la semana entrante. Tenía un nuevo caso, pero más difícil. Grey era un muchacho de unos veinte años con una sola aspiración en la vida, jugar béisbol profesional, costara lo que costara, su mundo era ese, solo ese, y en Cuba no podía realizar su sueño, y ahora para colmo, lo habían reclutado en el ejército, ¿qué broma verdad?, así eran las cosas de mi país.

Esa misma semana me tracé una estrategia, lo primero que hice, con relación a este caso, fue ir a ver a un amigo, que era español de nacimiento y ciudadano venezolano, para que invitara de visita a Venezuela al hijo de mi amigo Isidro, había que conseguir una visa de turismo. Me entrevisté con Julio, que así se llamaba el español, y un poco a regañadientes aceptó ayudarme; acordamos hacer la solicitud en extranjería, a finales de semana, se mostró intrigado y receloso, pensando y preguntando por qué lo había escogido a él para resolver este caso, no le di detalles de la situación de Grey con respecto al ejército, de haberlo hecho, se hubiera negado a invitarlo, por temor a que le suspendieran la entrada a Cuba, donde viajaba frecuentemente a arrebatarle las herencias a los cubanos que la poseían en España, o en cualquier parte del mundo, era un pirata del siglo XX; pagaba una miseria en dólares y se adjudicaba la propiedad. En España, había logrado hacer una fortuna con esto de las herencias, en combinación con la Asesoría Jurídica Cubana, que en ese entonces la dirigía Sánchez Lima, a quien le entregaba una suma de dinero para que respaldaran su negocio y le permitieran sus "tracalerías".

Los cubanos se conformaban con unos pocos dólares para comprar en la tienda de extranjeros de Cuba y aliviar la miseria, y a su vez, el propio español era quien les compraba, ya que los cubanos no podían ni asomarse a la tienda en dólares. Piratas del siglo XX, gente sin escrúpulos, este era el sujeto que necesitaba para sacar a Grey de Cuba.

A finales de semana, el señor Julio y yo, como habíamos acordado, fuimos a extranjería a ver a Roger, no conocía a otro funcionario, así que ese, era el mejor que teníamos. Logramos verlo ese día y después de exponerle el caso, nos dijo que necesitaba estudiarlo y pensarlo detenidamente, que le dieran unos días y lo viéramos la próxima semana, que ya tendría la solución definitiva. Nos solicitó una serie de documentos que me dispuse a resolver de inmediato; para ese entonces, Julio se iba para la Habana, lo cual me benefició, ya que debía traerme de la isla algunos papeles importantes del hijo de Isidro, que se necesitaban en extranjería.

—Julio, tu viaje de esta semana a Cuba me ha venido como anillo al dedo, necesito me traigas algunos documentos de allá, ¿puede ser?

—Pues claro, solo dime a dónde debo ir y listo, dalo por hecho —me dijo.

—Sí, no te preocupes, yo te lo anoto todo para que no tengas pérdida en encontrar la dirección —le dije—, eso queda por allá por donde yo vivía, a solo unas cuadras de allí.

Ese sábado Julio viajó a la Habana, en donde permanecería unos seis días, mientras tanto fui adelantando el expediente de solicitud de visa en la DIEX con mi amigo Roger, que cuando fui a verlo, accedió felizmente a conceder la visa de turismo a Grey, eso sí, todo tenía que estar en regla, el expediente debía estar completo, con todo lo solicitado para ponerlo a la firma del director de Extranjería; y sobre todo la plata que me pidieron, eso podía sustituir un poco la regla, y algunos de los documentos solicitados.

Ya por ese entonces, no trabajaba con el señor Herrera, había comenzado a trabajar en el Escritorio Jurídico con el paisano Luis Comas, en negocios de bienes y raíces, no me iba mal, además tenía horario libre, podía dedicarles tiempo a mis gestiones migratorias.

La semana en que Julio la pasó en Cuba, me llamaron de Miami, un señor que quería verme y conversar conmigo personalmente, era familia de un empresario cubano aquí en Venezuela, necesitaba sacar un familiar suyo que era un funcionario de alto nivel cubano, él había estado en Cuba hacía dos meses, y un amigo mío le había sugerido que me visitara con ese propósito:

—Señor Martínez, no tengo inconveniente en conversar con usted, me interesa su caso, aunque aún no me lo ha descrito en detalle, pero creo poder ayudarlo y lograr el objetivo —le dije—, dígame, ¿cómo hacemos para entrevistarnos?

—Pienso volar a Venezuela a finales de esta semana, ¿le parece bien que nos reunamos allá? —me dijo.

—No hay inconveniente, hágame saber cuándo esté en territorio venezolano —le dije.

—Será un placer, le haré saber en cuanto llegue —me dijo y se despidió.

Pasó justamente una semana, y el viernes en la noche, sonó el teléfono, al descolgarlo, reconocí la voz del señor Martínez:

—¡Aló!, por favor con el señor Emilio.

—Con él habla —le dije.

—Es el señor Martínez, hace unas horas estoy en Caracas, no pretendo descansar y si le parece bien cenamos esta noche, pero eso sí, escoja usted el restaurante y me da la dirección, no conozco la ciudad —me dijo.

—Con gusto, mire, vamos a encontrarnos en un restaurante llamado "El Alazán", que queda en Altamira, al lado de una bomba de gasolina subiendo por la Avenida Luis Roche, justo un poco después de cruzar una redoma, allí lo espero a las nueve, estaré en el bar, con un saco deportivo de color azul oscuro.

—Me parece muy bien, al igual que la descripción, de la dirección del restaurante, ya lo anoté todo, a las nueve nos vemos allí, un gusto en saludarlo —me dijo y colgó.

Tenía tiempo, aún eran las siete de la noche. Continué haciendo lo que había interrumpido por la llamada, y alrededor de las ocho me di una ducha caliente, me vestí con el atuendo que le había detallado al señor Martínez, y me fui derecho al lugar indicado. Como era viernes en la noche, el restaurante estaba muy concurrido, pero el bar tenía unas banquetas vacías que me permitieron sentarme a mis anchas, pedí un whisky con soda, bien cargado de hielo para que lo aguara, no quería beber mucho, al menos en ese momento, y me puse a detallar como había sido decorado el lugar.

Se pasó el tiempo muy rápidamente, consulté el reloj y me di cuenta de que ya eran las nueve y cinco minutos, terminé mi trago, y cuando iba a pedir otro, vi entrar a un señor canoso, de unos cincuenta años, elegantemente vestido, con un traje negro, de fino corte, lentes montados al aire en una armadura dorada, bigote bien recortado, y olía a buen perfume. Se acercó al bar, echó una mirada a los allí presentes, y al verme en un extremo con mi saco color azul oscuro, se dirigió de inmediato hasta donde me encontraba; me paré de inmediato, y extendiéndole la mano le dije:

—Debe ser usted el señor Martínez, un placer conocerle, mi nombre es Emilio.

—El placer es mío, sentémonos en una mesa para estar más cómodos —me dijo y de inmediato le hice señas al maitre que nos ubicara en una mesa, lo más discreta y lejos posible, teníamos mucho que hablar.

Ya sentados en la mesa ordenamos unos whiskies y el señor Martínez comenzó a decirme:

—Yo soy cubano también, y mi sobrino, que es a quien quiero sacar de Cuba, cueste lo que me cueste, eso sí, no quiero que se quede aquí en Venezuela, necesito llevármelo para Miami. ¿Es posible lograr hacer ambas cosas?, ¿en qué tiempo?, y, ¿qué precio?

—Vamos por pasos, es posible lograr ambas cosas, pero primero respóndame, su sobrino, según me dijo, es funcionario del régimen comunista de la isla, ¿no es así?

—Así mismo es, ha viajado muchísimo, y el muy ignorante, nunca se quedó en otro país, no hace ni ocho meses estuvo en Panamá, pero la mujercita que tenía lo alaba, y no tomó la decisión de quedarse, total ya terminó esa relación —me dijo.

—Y por consiguiente le resultaría muy difícil solicitar un permiso de salida, ya que sospecharían de inmediato, ¿estoy en lo cierto?

—En efecto, de hecho, él viajaba con frecuencia fuera del país, como le dije, pero ya el gobierno le suspendió los viajes al exterior, por considerarlo un posible desertor, por el hecho de que él últimamente no se expresaba muy de acuerdo con las ideas del gobierno, y no solo eso, sino que toda su familia está en los Estados Unidos. Ahora solo funge como funcionario de alto nivel en el sector turismo, pero no sale al exterior —me dijo—. ¿Qué se le ocurre para poderlo sacar del país? —agregó.

—El caso es difícil, pero no imposible, déjeme pensar hasta el lunes y le daré una respuesta definitiva, le aseguro de que haré todo lo posible por resolver el caso —le dije—. Necesito su nombre y apellidos completos, así como su fecha de nacimiento, nombre de sus padres, y el sitio o lugar donde nació. ¡Ah!, y dos fotos de pasaporte.

—Todo eso lo tengo aquí conmigo, ¿se lo entrego ahora?, quiere decir que va a tomar el caso —me dijo.

—No, no me lo entregue ahora, el lunes a las dos de la tarde nos encontraremos aquí mismo, y le doy mi conformidad al respecto, ¿OK?

—Me parece bien. A las dos de la tarde, del próximo lunes —puntualizó.

Terminamos de cenar en silencio, como estudiándonos ambos, y después del café, nos despedimos con un fuerte apretón de manos, hasta el lunes a las dos.

A la mañana siguiente, como era sábado, pude con mayor facilidad contactar con mis amigos de inmigración, me reuní con dos de ellos por separado, aunque ambos se conocían, intercambiamos opiniones sobre qué hacer, en el caso que les planteé. Llegamos a una conclusión un poco arriesgada, pero la única factible y segura, ¡la única!, no había otra.

El domingo en la mañana hice una llamada a Cuba y contacté después de varios intentos con un amigo de la infancia que había trabajado en la Central de Inmigración en Miramar, tuve que repetir la llamada en la tarde, pero logré hablar con él.

Lo que conversamos no quedó muy claro porque había temor de ser precisos en algunos detalles, que por teléfono no podían ser expuestos, pero en esencia, el asunto se podía resolver y estaba claro que se pretendía. Me encontraba tenso. Hablar con mi tierra me ponía tenso y de malhumor.

El lunes no fui a la oficina, me quedé en la cama pensando todo lo que había tejido durante el fin de semana. Después de varias tazas de café fuerte (apenas sin azúcar) y no sé cuántos cigarrillos, me metí en el baño y tomé una buena ducha caliente que me revitalizó. A las dos de la tarde entraba de nuevo en el restaurante de la redoma de Altamira, el señor Martínez ya había llegado y me hizo señas desde una mesa, en la cual me esperaba, era la misma que habíamos usado la vez anterior. Se tomaba una cerveza bien fría, y pensé, le pegó el calor que estaba haciendo en la capital ese día, pedí otra para mí, al mismo tiempo que el mesonero retiraba la silla de la mesa para que me sentara; antes de hacerlo saludé al señor Martínez, que estaba de pie dándome la bienvenida y estrechándome la mano. Después de saborear un trago de la cerveza bien fría, le dije al señor Martínez:

—Su caso, no está resuelto, pero está muy bien encaminado, lo cual quiere decir, que tomaré su caso.

—¡De veras!, qué alegría me da usted, ¡salud! —me dijo con cierto aire de intriga, y brindamos.

—Sí, y tengo mucha fe que lo que he planeado, dé excelentes resultados —le dije.

—Soy todo oídos, explíqueme cómo piensa hacerlo —me dijo esperando que le contara cómo sería la operación.

—No pienso decírselo, comprometería a todos los que participarán en la operación, que es bastante riesgosa, pero la única posible, comprometería hasta su sobrino, que pudiera caer hasta en prisión si esto llega a saberse, ¿me entiende?

—Pero yo soy quien paga y necesito saber cómo va a hacerse la operación para sacar a mi familiar, ¿no cree?

—No creo, a usted lo que le interesa es que su sobrino llegue a Miami sano y salvo, los detalles a usted no le interesan, es mejor así, hasta por su propia seguridad —le dije.

—Me resulta difícil ponerme en manos de alguien, donde no conozca como van a ser los procedimientos que seguirán los detalles del negocio, porque esto es un negocio, ¿no cree?, ¿no haría usted lo mismo?

—Puede ser, pero esas son las reglas de juego, señor Martínez, ¿lo toma o lo deja? —le dije e hice una pausa.

Nos invadió un silencio donde disfrutamos de nuestras cervezas y pasa palos, sin que mediara palabra alguna, evidentemente al señor Martínez no le gustaba pagar por lo que no conocía en detalles, lo vi sacar el pañuelo, secarse el sudor, ajustarse los lentes, mirarme dos o tres veces por encima de ellos, hasta que una vez más me dijo:

—Pero al menos puedo saber de qué se trata, ¿no cree?

—Puedo darle algún detalle al respecto —le dije.

Pedí otra cerveza, y después de saborear un trago, le dije:

—Mire señor Martínez, su sobrino tiene que salir de Cuba, pero obviamente no puede hacerlo con su pasaporte ni con su verdadero nombre, eso sería mandarlo a fusilar, como dicen los comunistas, ¿no es así?, ¿eso lo entiende, verdad?

—Lo entiendo y en efecto así es —me dijo.

—Solo existe una manera de lograr que salga del país con un mínimo riesgo de escasamente unas tres horas de tensión, no puedo darle más datos señor Martínez, espero que comprenda —le dije y finalicé.

—Confiemos, confiemos, confiemos —me dijo.

—No hemos hablado de los honorarios, y creo que es preciso que hablemos de eso ahora, la operación hasta territorio venezolano le cuesta quince mil dólares, con todo incluido, la mitad ahora y la otra parte cuando su sobrino le dé un fuerte abrazo en Maiquetía, ¿entendido?

—No hay problema, el dinero está —me dijo—. ¿Y de aquí para Miami? —me preguntó.

—De eso hablamos cuando llegue, pero más o menos le sale entre cuatro y cinco mil dólares, con todo incluido.

—Bien, ¿qué debo entregarle?

—Lo que me dijo que tenía ayer, y por supuesto, los diez mil dólares —le dije.

—Aquí tiene toda la documentación que requiere —me dijo y me extendió un fólder con documentos.

—Déjeme revisarlos un momento —le dije.

Después de unos minutos le expresé:

—Parece que están correctos, deme las fotos, ¡ah!, aquí están —le dije cuando las encontré—. Hay algo que pudiera hacernos falta, aunque habría que revisarlo primero y sería de mucha utilidad para esta operación, déjeme hacerle una pregunta; su sobrino, siendo funcionario del gobierno cubano y que viajaba con frecuencia seguro tenía o tendrá pasaporte rojo u oficial del gobierno cubano, ¿no es así? —le pregunté.

—No sé la verdad, no sé cómo funciona eso en Cuba, pero puedo averiguarlo si es importante para esta operación —me dijo.

—Sería muy útil, pero debe hacerse urgente esta indagación; y si aún conserva su pasaporte oficial, necesito una copia del mismo, ¿entendió?

—Sí, por supuesto. Esta noche lo llamo y le pregunto con suma discreción —dijo.

—OK, esperemos resultados de su llamada y por favor me informa a la hora que sea esta noche —le dije.

—Así será —me dijo.

—Me llamó el señor Martínez pasadas las once de la noche, corroborándome que su sobrino aún conservaba su pasaporte oficial cubano y que le había solicitado copias de las páginas del mismo.

—Perfecto, esperemos por eso, aunque he decidido hacerlo de otra forma, no quiero riesgos innecesarios —le dije.

—Bien, los siete mil quinientos dólares se los debo entregar cuando salgamos de aquí, o si prefiere se los llevó a su domicilio, a más tardar mañana a primera hora, ¿puede ser?

—Como usted prefiera —tomando en consideración que suponía que el señor Martínez quería saber dónde yo vivía, es justo pensé.

—Mañana a primera hora, estoy en su domicilio, si me da su dirección —me solicitó.

—Ya se la doy —inmediatamente le anoté la misma—. Y mi teléfono ya lo tiene, le agradezco me llame antes de salir a hacerme la visita en la mañana.

—Así será —me dijo, y como ya habíamos terminado de comer, nos despedimos.

Coloqué mi portafolios en el asiento trasero de mi vehículo y me fui derecho a la oficina. Apenas había tráfico en la ciudad, así que me desplacé con soltura hasta el Centro Perú. Me senté en mi escritorio y mi mente se desvió a recordar el caso Grey, que salió a "pedir de boca".

Julio llegó como habíamos proyectado, me trajo todo lo que le pedí, me lo entregó, no sin antes decirme que no había podido conocer al que iba a favorecer con su reclamación porque estaba en no sé dónde; menos mal que mi amigo Isidro no le dijo lo del ejército; lo puse al tanto de la gestión de visa del amigo Grey, y le dije que solo tenía que pasar por la DIEX a firmar unos papeles, le sugerí ir el próximo jueves en la mañana. Quedó conforme.

La visa de Grey, tácitamente estaba aprobada, lo cual confirmamos ese jueves se firmaron los documentos del solicitante que faltaban, que en este caso era el español, lo cual hizo de inmediato, Roger me comunicó, después que le aboné los reales correspondientes, que a lo sumo en tres días, estaría confeccionado el radio con la visa del señor Grey, y enviarla a la Embajada de Venezuela en la Habana, eso era cuestión de unas horas no más, así que a finales de la próxima semana con seguridad ya podían hacer uso de ella.

—Bueno Roger, gracias por todo, y nos mantenemos en contacto —le dije, nos marchamos de una vez—. Ya se había resuelto la visa de Grey, lo demás, menos el pasaje que debía separárselo cuando ellos me dijeran, corría por cuenta de ellos.

Esa noche, antes de dormirme, llamé a Cuba y hablé con Isidro, le di la noticia y me dijo:

—Coño, eso merece un trago. ¡Brindamos a distancia!

Capítulo VIII

A LA MAÑANA siguiente, el señor Martínez me llamó muy temprano haciéndome saber qué pasaría en una hora por mi casa.

—Lo espero, no se preocupe, venga con calma —le dije.

La mañana había amanecido nublada y fría, parecía que iba a llover, había negros nubarrones en el cielo, y se veían de nube a nube descargas eléctricas; el señor Martínez llegó puntual, me llamó por el intercomunicador, le abrí la puerta, y en unos minutos lo tenía sentado en mi sala, me entregó un fajo de billetes de cien dólares, los cuales conté.

—Está correcto. Recuerde que cuando su sobrino esté aquí, el resto del dinero no puede esperar, ¿entendió?

—No se preocupe, el dinero está seguro —me dijo.

—Bien, le diré que en menos de quince días su sobrino se reunirá con usted, aquí en mi bella Caracas. Ahora déjeme su dirección y teléfono de donde está parando para poder localizarlo, de ser estrictamente necesario.

Me extendió una tarjeta de presentación personal, pero al dorso, tenía escrita la dirección y el teléfono de donde residía aquí en Venezuela. Le di las gracias por confiar en mí, y de esta forma nos despedimos, deseando que todo saliera satisfactoriamente.

A los dos días le propuse a Gustavo una salida por la frontera con Colombia, por Cúcuta, le prometía además que, al llegar a Bogotá, lo esperarían y lo ayudarían a montarse en un vuelo directo a Estados Unidos, se tardó como cuatro días en tomar una decisión, hasta que se presentó el cuarto día en la noche en mi apartamento.

—Hola, ¿puedo hablar contigo unos minutos? —dijo al verme.

—Claro, por supuesto, ¿qué has pensado? —le dije.

—Voy a seguir tu consejo, resuélveme el cruce por la frontera, me voy a Colombia, allí al menos si tengo que quedarme, me puedo documentar, ¿no es así?

—Así es, mi querido amigo —le dije.

—¿Cuándo sería el viaje? —preguntó.

—Lo más rápido posible, quizás este mismo viernes —aseveré.

—Estoy listo —me dijo, y nos despedimos.

El viernes llegó, no se hizo esperar como todo en la vida, y junto con ese día llegó un pana de inmigración que lo llevaría hasta la frontera y lo cruzaría hasta dejarlo en Cúcuta–Colombia.

Me despedí de Gustavo, a eso de las diez de la mañana, no volví a verlo, pero si tuve noticias de que en el cruce fronterizo no había tenido problemas, que, en vez de llegar hasta Bogotá, se había dirigido a Cartagena de Indias, y de que había decidido no viajar a Miami; le propusieron un trabajo de entrenador de natación en Quito, Ecuador, y hasta allá se fue, cruzando fronteras; ¡está muy bien!, y documentado. ¡Se acabaron tus misiones!

Ya con la plata que me había dado el señor Martínez para sacar a su sobrino de la isla, me fui a ver a Isidoro a la DIEX, para comprar un pasaporte (libro) venezolano virgen, y una cédula de identidad, también virgen; al verme llegar ya sabía que le iba a solicitar, así que me preguntó:

—¿Ambas cosas? —refiriéndose a libro y cédula.

—Sí, ambas, pero urgentes, las necesito ya, ¿cuándo vengo?

—Mañana mismo, "asere".

Me trató como si él fuera cubano, utilizando la palabra "asere", que quiere decir socio, pana, etc.).

—¿A qué hora, "asere"? —le pregunté.

—A eso de las diez de la mañana —me dijo, y nos despedimos hasta el otro día.

¡Isidoro cumplió!, a las diez de la mañana ya tenía un pasaporte en blanco, al igual que la cédula, solo restaba ahora confeccionarlo, hacerlo valer. Sin pensarlo, ni dilatarlo, me fui para la Guaira, donde el pana Carlitos, mi querido falsificador; y pensar que hay quien todavía está viajando con esos libros de Carlitos, ¡qué calidad!, yo creo que ni la DIEX los confeccionaba así. ¡Mil gracias, Carlitos!, a nombre de los cubanos y ahora también de los venezolanos, antichavistas.

Al llegar a su casa en Los Altos, me recibió diciéndome:

—¿Qué pasa que ya nadie viene por acá?, ¿se cayó el negocio o están todos presos?

—¡Ah!, no sé, pero yo estoy aquí, con una urgencia del "carajo", pero eso sí, esmérate aún más en la calidad del producto, te lo ruego.

—Lo mío es calidad, tú lo sabes, pero bueno, dime, ¿de qué se trata? —me preguntó.

—De lo mismo, falsifícame este libro y esta cédula, colócale el nombre que quieras, pero que quede perfecto, y no lo cierres, o sea, yo termino el trabajo ese del plástico después que se firme, lo hago con el cliente que está lejos de aquí —le dije, y agregué—: ¿para cuándo está?

—Pasado mañana, a las dos de la tarde, sin falta —me dijo, le pagué y me marché.

Al día siguiente, en la mañana me fui al Consulado Cubano y solicité permiso para viajar a la isla, me dijeron que la respuesta demoraría alrededor de diez días, lo solicité por escrito y me dispuse a esperar. A pesar de ser cubano, tenía que pedir permiso para poder entrar en mi país, y no solo eso, podían hasta negármelo, si así lo quisieran; demoraban en adjudicar dicho permiso el tiempo que les daba la gana, ¿qué libertad, verdad? Era absoluta. "Los campeones de los derechos humanos".

A los siete días recibí una llamada de Cuba, de mi amigo Enrique, que me informaba que la seguridad del Estado cubano había estado en su domicilio preguntándole si ya yo había llegado de Venezuela, recuerdo que me dijo:

—¿Qué es lo que está pasando, Emilio?, ¿por qué la seguridad del Estado viene aquí y me interroga?, ¿en qué tu andas metido?, y, ¿por qué ellos no saben si estás aquí o no?, ¿qué jodedera es esta Emilio?

—No sé, no comprendo que está pasando, yo solicité mi permiso de entrada a Cuba hace apenas una semana en el Consulado y me dijeron que demoraba unos diez o quince días, esto que me cuentas no tiene sentido, y mucho menos tomando en consideración, que ellos son los primeros que tienen que saber si he entrado o no a Cuba, si ellos lo controlan todo, ¿no es así?

—Sí, eso pensé yo también. Bueno, cambiemos el tema —me dijo—. ¿Cuándo tú vienes?

—No sé, depende de mi isla Zozobra, aunque creo debe ser antes de una semana porque ya se cumple el tiempo fijado por ellos para darme el permiso —le dije.

—OK, me avisas para ir a esperarte junto con la seguridad del Estado —me dijo y nos despedimos riéndonos.

Aquello de la visita de la seguridad, no solo al domicilio de mi amigo, seguro que también fueron a la cuadra donde vivía, responde a algo que pudiera haberse filtrado y que puede traerme problemas cuando aterrice en la Habana. Tomé mis precauciones y me hice el firme propósito de no decirle a nadie que iba a viajar a Cuba, ¡me iría y punto!

Al día siguiente me fui a hacer algunas compras para mi familia y amistades, caminé por las tiendas todo lo que pude, en fin, ¡me relajé!

Cuando llegué a la casa, tenía un mensaje que llamara a la oficina, que era urgente, de una vez hice la comunicación, me salió al teléfono Luis, que aún estaba allí:

—Epa, Luis, ¿qué hubo? —le dije.

—Te llamaron del consulado cubano, y me dijeron que te comunicaras con ellos en la mayor brevedad posible —me dijo.

—¿Y qué querían?, ¿dejaron algún mensaje? —le pregunté.

—No sé, no dijeron, tú sabes que ellos son misteriosos —me dijo.

—OK, mañana los llamo, ya es muy tarde para eso —le dije y me despedí.

Al día siguiente llegué a la oficina después de las nueve de la mañana, había dormido más de la cuenta, quizás por lo de la caminata por las tiendas del centro el día anterior. En cuanto tomé el café flojo, ese que hacía la secretaria y que me daba dolor de estómago; llamé al consulado, quien me atendió no sabía ni conocía mi nombre, y mucho menos para qué me habían llamado. A los pocos minutos de espera me atendió una señorita, que al parecer, contaba con la información requerida, y me dijo escuetamente:

—Señor Emilio, su permiso de entrada a Cuba ya fue autorizado, llega este sábado en el vuelo de Cubana de Aviación, si usted lo desea, puede ir preparado para viajar ese mismo día, y en ese mismo vuelo que regresa, se va para Cuba, ¿le parece bien?

—Pudiera ser —le dije, y agregué—, voy a valorarlo. Y si no me fuera el propio sábado, ¿qué debo hacer?

—Retirar su permiso a partir del lunes en el consulado después de las nueve —me dijo muy amablemente.

—OK, muchas gracias por todo —le dije y nos despedimos.

Ya estaba listo para viajar a mi isla Zozobra, donde uno nunca sabe que va a ocurrir y debe mantenerse alerta, debía retirar el libro y la cédula al día siguiente de casa de Carlitos, era todo lo que me faltaba. Esa noche preparé mi equipaje, me senté a ordenar mis pensamientos y a repasar cómo debía actuar desde que llegara a la isla; después de un buen rato sumido en mis pensamientos, me preparé un trago para despejar un poco los temores y poder pensar claro. Me senté en mi lugar favorito, frente por frente al ventanal, con mi vista al Ávila, y comencé a disfrutar de mi trago; me vino a la mente, en ese instante, que después que la visa de Grey había llegado a la Habana, el padre fue quien concurrió a la Embajada Venezolana a colocar la misma en su pasaporte, ya que Grey estaba en la unidad militar a donde había sido asignado sin poder salir. Le fue bien al padre, lo atendieron de maravilla y logró colocar la visa en el pasaporte de su hijo, no tuvo que hacerlo personalmente el interesado.

Esa misma noche me llamó a Caracas para comunicarme que Grey estaba listo para viajar, que le pusiera el pasaje para dentro de quince días, el segundo sábado, que era cuando salía de pase de la unidad militar; le di mi conformidad y le dije que contara con eso, vendría en Aeropostal dentro de quince días.

—Bueno, querido hermano, no hablamos más hasta que no llegue, no vaya a ser "que se levante la paloma", y alguien nos escuche.

Me dijo y tenía razón, allí todo estaba chequeado por los aparatos represivos, hasta lo más mínimo, y había que cuidarse.

Con todo listo, habiendo recogido los documentos en casa del falsificador, solo restaba colocarle el sello de salida de Maiquetía, al pasaporte que usaría Frank. Al día siguiente me fui donde mis panas de inmigración, que resolvieron lo del sello en un par de horas; ya podía fácilmente irme el próximo sábado, como me había sugerido la señorita que me atendió del consulado cubano. Como me quedaban aún dos días para viajar, empecé a idear una serie de métodos para ocultar el pasaporte y la cédula venezolana que llevaría a la isla, que si doble forro en el saco, que si en el bolso, que si los llevaba en los zapatos, que si en una de las ropas que iban en el equipaje, pero al final, si se descubría todos los lugares escogidos, engendraban un mismo resultado, eran mis pertenencias, así que el delito era mío, entonces decidí llevarlo en mi bolsillo de la camisa con que iba a viajar, y pal carajo, ¡era el mejor lugar!, sin lugar a dudas, más visible y sin miedo.

Llegó el esperado sábado y me fui temprano para el aeropuerto con mis bultos de viaje, y aunque no podía chequear aún los funcionarios de Cubana de Aviación, me permitieron pasar el equipaje, ¡que alivio!, al menos eso logré. El vuelo procedente de la Habana casi nunca llega en hora, pero ese si llegó a tiempo, y con el funcionario de la oficina consular que cargaba mi permiso de entrada en la Habana; allí mismo en el *counter* de la aerolínea me extendieron el permiso, y pude felizmente chequear el vuelo. Me empecé a sentir nervioso, se me alteró el pulso, hasta me faltaba el aire de solo pensar que regresaría a mi tierra, después de tantos años de exilio, pero lo más importante era a lo que iba, la misión era arriesgada y nos podía costar la libertad, permanecer en prisión por unos cuantos años en mi isla Zozobra, donde todo pasa y nada queda. Intenté relajarme y algo conseguí, pero aún no estaba relajado del todo, había que seguir intentándolo, me dije.

El vuelo de regreso a la isla salió demorado, unos diez minutos, y pensé: «Eso se recupera en el aire, y pudiera llegar en tiempo al aeropuerto de la Habana». Me senté en ventanilla, lo cual me permitió disfrutar del vuelo, aunque la mayor parte del tiempo solo veía agua por todas partes, pero así y todo, las diferentes tonalidades del mar y sus olas de espuma blanca, y una que otra embarcación contribuyeron a que mi organismo se relajara lo suficiente como para mantenerme sereno al chequear mis documentos en inmigración del aeropuerto "José Martí".

Como presagié, el vuelo llegó a la hora prevista a la isla, los vientos superiores parece que estaban a favor del vuelo, en el mismo sentido, después de esperar unos minutos, sentado en el avión aún, logré descender a la pista y montarme en un bus que nos llevó a la terminal aérea, hice mi cola de chequeo, y cuando me tocó el turno, entregué mis documentos en la ventanilla del funcionario de inmigración que después de leerlos y releerlos, me miró y me dijo:

—¿Es usted venezolano?

—No, señor, soy solo residente.

—¿Cuántos años hace que está fuera del país?

—Unos diez años, más o menos, ese dato aparece en mi cédula, que le acabo de entregar —le dije.

—¿Tiene familiares en Cuba?

—Unos pocos, en el interior —le dije.

—¿En qué parte?

—En Villa Clara —le contesté.

—¿Dónde se va a quedar?

—En casa de un amigo —y le di la dirección.

—Disfrute su estancia en nuestro país, señor —me dijo y selló mi pasaporte.

Respiré todo lo profundo que pude, había pasado el primer control, faltaba la aduana, con mis gusanos de viaje, ¡qué jodienda!; con la carretilla que tomé y mis bultos en ella, pasé por el mostrador de una de las aduaneras que estaba disponible, no había muchos pasajeros; cuando iban a empezar a chequearme, un amigo mío de la aviación civil, que me vio en la cola, se me acercó sin que me diera cuenta, y dirigiéndose a la aduanera le dijo:

—Él es de los nuestros, no lo "martilles", déjalo que pase.

¡Y así fue!, en ese instante la aduanera cerró el zipper del bolso y me indicó que continuara, saludé a mi amigo y le di las gracias por haberme librado de la aduanera y del decomiso.

Charlamos unos minutos y después me condujo hacia la salida:

—René, necesito rentar un vehículo, ¿por dónde es?

—Allí, donde montaron ese tráiler, ¿lo ves?

—¡Ah! Sí, qué bien, bueno, ya con tu teléfono me comunico contigo antes de irme, y así nos tomamos unos tragos, ¿qué te parece?

—Perfecto, llámame en cuanto te liberes de las jineteras, que se te van a pegar con ese carro rentado como moscas, ya verás, tú no conoces eso mi amigo —me dijo y nos despedimos.

Renté un vehículo por una semana con mi tarjeta de crédito VISA, salí del aeropuerto por toda la Avenida de Rancho Boyeros, me había hecho el firme propósito de no ir a casa de Enrique, por el momento, debía cerciorarme de que nadie me seguía, estaba nuevamente preocupado por la visita que hiciera la seguridad del Estado a la casa de mi amigo días antes. Recorrí con nostalgia toda la avenida Boyeros, efectivamente, como me había dicho mi amigo, por toda la avenida había jovencitas, unas mejor vestidas que otra, pidiendo "botella", o sea cola, a cuanto carro turístico pasaba, esas eran, evidentemente, "las jineteras". Bajé por la calle G hasta el Malecón, lo transité en sentido oeste y fui a dar hasta la Habana Vieja, estacioné el vehículo cerca de la Catedral y me aventuré a pie por sus calles de piedras hasta la Bodeguita del Medio, allí me senté y pedí un mojito, quería recordar mi tierra y mis años vividos en esa hermosa isla, hoy sometida por una de las dictaduras más férreas del hemisferio.

Disfrutando de mi mojito me puse a observar la composición social que visitaba la Bodeguita del Medio, traté de seleccionar a alguno de sus clientes como posible agente de la seguridad del Estado que estuviera encargado de seguirme y vigilarme; ninguno me pareció sospechoso, por ahora, aquello estaba repleto de extranjeros. Pedí otro mojito y el menú, tenía hambre y debía comer algo antes de llegar a casa de mi amigo Enrique, al cual no le avisé que llegaba hoy para poder moverme con soltura sin ser vigilado. Comí lo típico, y bien hecho, carne de puerco, arroz congrí, yuca y por supuesto una cerveza Hatuey bien fría, disfruté de la comida; pagué la cuenta y desde que salí del restaurante noté que otro de los clientes que estaba más cerca de la mesa donde me encontraba, también había cancelado su cuenta y se dispuso a marcharse del lugar, y lo hizo precisamente detrás de mí, ¿simple coincidencia o chequeo de rutina?

Entré en la Catedral que a esa hora estaba abierta, y me senté en uno de sus bancos a rezar; allí permanecí por espacio de treinta minutos; observé a cada uno de los fieles que entraron en la iglesia, no me parecieron sospechosos, eran solo viejitas devotas que iban a rezar, así todo, tomé mis precauciones al respecto. Salí de allí y al hacerlo, me detuve unos minutos en la entrada principal a contemplar la calle y sus alrededores, todo parecía en calma, el sujeto que me había resultado sospechoso en el restaurante, había desaparecido. Encaminé mis pasos rumbo hacia donde estaba estacionado el auto, y lo hice solitariamente, sin nadie alrededor mío, supuse que al menos, en ese instante, nadie me seguía.

Me senté en el auto, esperé unos minutos, observé por cada uno de los espejos, no encontré nada anormal, encendí el motor y me puse en marcha hacia la casa de mi amigo Enrique. Llegué y por supuesto, no me esperaban, lo encontré más viejo, más acabado, claro, los años no pasan por gusto; después de un fuerte abrazo nos sentamos a charlar de todos estos años de ausencia, pregunté por la gente del barrio y me enteré de que unos se habían muerto, otros permanecían iguales, en el mismo estatus en que los dejé, otros habían abandonado el país, pero en resumen, la vida para mis compañeros del barrio, no ofrecía perspectivas, ni esperanzas futuras, los días eran todos iguales.

Enrique y yo estuvimos conversando hasta altas horas de la noche, creo que no nos quedó nada por relatarnos de los años de ausencia, de los acontecimientos del barrio; ni hablamos de la visita de los de seguridad a su casa, no nos importó, hasta ese momento.

Al día siguiente, salí muy temprano, después de ducharme, y lo hice a pie, me fui a casa de Alejandro, el amigo mío que había trabajado en inmigración de Cuba; lo encontré en short y camiseta tomando café en el portal de su casa de la calle Ayestarán; cuando me vio no podía dar crédito a lo que sus ojos veían, se emocionó, me abrazó y me dijo:

—Pasa, pasa para acá "carajo", cuantos años sin verte, ¡vieja!, tráele café a Emilio, ¿no te acuerdas de él? —le gritó desde el portal a su madre.

—¡Ay!, Emilito, qué alegría verte de nuevo —me dijo cuando me trajo el café—. Y, ¿vas a estar mucho tiempo por acá?

—No, solo unos días nada más —le dije.

—¿Y la familia, está bien?

—Sí, gracias a Dios —le dije.

Se marchó con las tazas y me quedé solo con Alejandro.

—¿Me hiciste la gestión que te pedí?

—Sí, y todo está resuelto, si es lo que me imagino, explícame mejor —me dijo—. ¿Trajiste el pasaporte?

—Claro que sí —le dije—, mira, lo que necesito es colocar un cuño de entrada al pasaporte que cargo, como si esa persona hubiera viajado conmigo el mismo día, o si prefieres otro día cualquiera, es igual, el pasaporte es venezolano, ahora bien, ¿hiciste el contacto?, ¿cuánto hay que pagarle al mismo?, y, ¿cuándo puede estar resuelto eso?

—El contacto ya está, es mi compañero de siempre de trabajo en entrada por el aeropuerto, bueno, aunque algunas veces está en salida, pero eso no tiene problema; págale, él lo haría hasta por amistad conmigo, pero pudiéramos darle unos doscientos dólares, ¿te parece bien?, y lo otro es que el trabajo puede llevarle unos tres días más o menos. Todo tiene que quedar bien registrado, ¿no crees? Claro, depende de cuando tú me entregues el pasaporte, y la cédula, hay que registrar ambas cosas-me repitió-, y no solo eso, fabricar el resto de los documentos que se entregan al llegar, ¿entendiste?

—Sí, por supuesto —le dije.

—Aquí tienes el pasaporte y la cédula. No la vayas a perder, "mosca", con eso —le dije.

—¿Qué es eso de "mosca"? —me dijo intrigado.

—Que estés atento, con precaución, sin apuro y ojos abiertos, eso es en idioma venezolano —le dije, y nos reímos como hacía años no lo hacíamos.

—¿Cuándo vuelvo por acá? —le pregunté.

—Para lo del pasaporte en tres días, pero coño para darnos unos tragos, ven antes, no jodas —me dijo, le di un abrazo y me despedí.

Me regresé igualito por donde vine caminando, no era lejos, además, la mañana estaba fresca, sin mucho sol, la brisa hacía mover de un lado a otro las ramas de los árboles, y los pajaritos volaban de mata en mata transportando la comida para sus pichones, o simplemente haciendo sus nidos en la copa de los árboles. La gente transitaba sin prisa, como si no tuvieran nada que hacer, como si se hubiera detenido la vida, el tiempo, y en efecto así era, en Cuba no se hacía nada, el obrero hacía que trabajaba, y el gobierno hacía que le pagaba; pero nada de esto servía para nada, no satisfacía las necesidades más elementales. Los que por aquellas calles transitaban, se veían tristes, mal vestidos, delgados a más no poder, caminaban sin deseos, como quien lleva una pena muy honda, y no puede desprenderse de ella, solo iban pensando que darles a sus hijos de comer en ese día, cuál sería su futuro, no había futuro, pensé al verlos alejarse, todos sus días eran iguales.

Llegué a la casa de Enrique, y me dijo al verme:

—¿Dónde andabas?

—Salí bien temprano a caminar —le dije—, estoy acostumbrado a eso, no quiero ponerme viejo.

—Eso es bueno, pero aquí en este país no se puede, no hay comida para eso —me dijo.

—Sí, lo sé —le dije con cierta tristeza en mi voz.

—¿Qué te parece si vamos a la tienda y hacemos un mercado? —le dije.

—Vamos, cuando tú quieras, ahora mismo —le dije.

Bajamos y nos fuimos en el auto rentado, agarramos la 5ta. Avenida hasta la calle 84 que era donde quedaba la tienda. Hicimos un mercado, que me pareció excesivamente caro en comparación con otro país, en este caso con Venezuela. Compramos cerveza y whisky para pasar y brindar esos días, soda y carne de res, que hacía tiempo no comían. Uno que otro pollo y un pescado que me vendieron unos chicos en el Malecón habanero, estaba fresco, recién pescado, y barato; los chicos que me lo vendieron no pasaban de trece años, se escondían detrás de los postes de luz y de los latones de basura para que la policía si pasaba, no los viera, estaba prohibido vender pescado, era ilegal, aunque ellos lo hubieran pescado, les di el dinero a escondidas, sentían miedo de lo que hacían, me dieron las gracias y se marcharon corriendo del lugar.

Ese día apenas salí de la casa, me quedé conversando con Enrique, hice dos o tres llamadas a mi familia en el interior, y la última a Venezuela. Me acosté muy temprano, estaba cansado. Zozobra me había estresado.

Capítulo IX

DESPERTÉ CON LOS primeros rayos de sol entrando por mi ventana, me duché, y le dije a Enrique:

—¿Vamos hasta Varadero?

—Vamos, así desconectamos un poco de la ciudad —me dijo al mismo tiempo que buscaba su short, chancletas, gorra y gafas de sol.

—Estoy listo —me dijo.

—Andando, que para luego es tarde —le dije y bajamos juntos.

Agarramos las ocho vías disfrutando del paisaje y la música cubana que tanto extrañaba, la vía estaba desierta, muy pocos carros, a pesar de ser fin de semana, ¡qué tristeza!, ¡cuánta miseria y atraso!

No había dónde tomarse ni un vaso de agua en todo el trayecto, asfalto, monte y culebra era todo lo que había, en solo 45 minutos llegamos a la playa más bella del mundo, claro que junto con Punta Cana, que se parecen mucho; nos pasamos el día con mar, sol y arena, y bebiendo cerveza hasta por los codos, ¡qué bien la pasamos!

Regresamos tarde en la noche, sin prisa y sin preocupaciones; hasta ese momento, no había notado que nadie nos seguía o vigilaba, tampoco me importaba. En la vía de regreso, al pasar por donde queda la cafetería Gato Verde, un carro moderno que aparentaba ser de turismo, se incorporó a la vía, y anduvo detrás de nosotros todo el tiempo hasta que al pasar el túnel de la bahía nos pasó delante, al mismo tiempo que nos hacía señas que detuviéramos la marcha; así lo hice, parándome en el hombrillo; dos hombres bien vestidos, uno con camisa a cuadros y blue jean, y el otro con una guayabera de color blanco y pantalón gris oscuro, se acercaron al vehículo y me mostraron su identificación, DSE (Departamento de la seguridad del Estado). Me quería morir, sudaba, me bajó la tensión, pensé en tan solo unos instantes, que Alejandro me había delatado, que todo se había descubierto, que la operación había fracasado, tantas cosas pasaron por mi mente en segundos que no sabía qué hacer, si darme a la fuga o si simplemente afrontar el problema, y eso fue lo que hice, ¡afrontarlo!

—¿Qué se les ofrece?, ¿en qué puedo ayudarles? —le dije.

—Muéstreme su cédula o pasaporte si es extranjero, y su licencia de conducir —me dijo el de camisa a cuadros.

—Con gusto.

Le dije al mismo tiempo que sacaba mi cédula y licencia de conducción venezolana, pensé que se notaba mi nerviosismo, traté de disimularlo lo más que pude.

—¿Este carro es rentado?

—Sí, por supuesto —le dije.

—Usted es cubano, pero vive en Venezuela, ¿cuánto hace que llegó?

—Ayer, pero dígame, ¿hay alguna dificultad conmigo? —le dije algo molesto.

—No, en lo absoluto, lo que ocurre es que se robaron un carro idéntico a este y lo andamos buscando, pueden continuar su camino, discúlpenos, señor, pero es nuestro deber —me dijo el de la guayabera, que se notaba algo apenado.

Mi amigo no abrió ni la boca para respirar, y así llegó a la casa, donde después de todo nos reímos del sofocón, yo quedé extenuado, maltrecho, me parecía que me habían caído como cinco años encima, me costó trabajo recuperar el ritmo cardíaco. Este encuentro "casual", me había puesto a reflexionar, podía tratarse de una advertencia para que no se me ocurriera andar en malos pasos durante mi estancia en la isla Zozobra; pudiera haber sido eso, quizás, no lo dudo, ellos actúan así, pensé yo. La represión por delante, como terror, aunque no tengan pruebas de nada, pero ellos alimentan el terror para que tú no actúes en su contra, te intimidan lo más que pueden para que cometas errores.

Apenas pudimos dormir ninguno de los dos con lo que nos habíamos quemado con el sol de la playa, y sin camisa, nos pasamos la noche tomando whisky en la terraza de la casa. La noche estuvo tranquila y fresca, a cada rato desde el balcón veíamos pasar a la guardia de los CDR (Comités de Defensa de la Revolución), todavía ese atraso se mantenía en las cuadras por si nos agredían los imperialistas, qué manera de entretener a la gente, comentamos en voz muy baja lo de las guardias cederistas y nos reímos. Casi amanecimos en el balcón, alrededor de las cinco de la mañana, nos fuimos a dormir. Nos paramos o nos levantamos a las diez de la mañana, y eso porque alguien tocó el timbre del apartamento y se escucharon voces dentro del mismo; después de ducharme, me senté a la mesa para desayunar, y fue entonces que Enrique me dijo:

—Hace un rato, estuvieron aquí dos señores preguntando por ti —me dijo.

Intrigado le pregunté:

—¿Quiénes eran?, no me digas que de la seguridad otra vez.

—En realidad no lo sé, aunque me pareció conocer al más pequeño —me dijo, y continuó—, pero no sé de dónde.

—¿Qué querían? —le pregunté.

—Querían hablar personalmente contigo. Les dije que vinieran después de las dos de la tarde.

—Qué raro, si nadie sabe que estoy aquí, ni a nadie se lo dije. Bueno, ya veremos quiénes son y qué quieren —le dije.

Desayuné, pero noté que se me había quitado el apetito, y había comenzado a preocuparme de nuevo con tantos incidentes en los dos últimos días, estaba predispuesto, veía fantasmas donde no existían, volví a tener esa sensación de intranquilidad interna y de falta de aire que aumentaba mi ritmo cardíaco. No logré serenarme hasta que no llegaron los señores que Enrique les dijo que vinieran a las dos; ¡eran las dos de la tarde!, fueron puntuales.

Sonó el timbre de la puerta, Enrique abrió la misma y me hizo señas de que habían llegado. Me asomé a la puerta y el menor de ellos me dijo:

—No sé si te acuerdas de mí, pero mi esposa era muy amiga de la tuya, y hasta nuestra hija iba al mismo Círculo Infantil que tu hija a solo dos cuadras de aquí —me dijo e hizo una pausa—, necesito hablar contigo para ver si puedes ayudarme en lo que nos proponemos, o en lo que pretende mi amigo.

—Pasen, pasen y siéntense —les dije.

—A ver, ¿de qué se trata? —pregunté.

—Tengo referencias de algunas personas que a través tuyo han conseguido irse del país, y acá mi amigo quiere irse del país, pero si no te es inconveniente, preferiría hablar en privado contigo, puede ser en mi casa, vivo aquí mismo, a solo una cuadra de aquí —me dijo.

—No hay problema, vamos a tu casa entonces, pero antes dime, ¿cómo sabías que estaba en Cuba?, no se lo comuniqué a nadie —le dije.

—Ayer te vi salir de aquí, estás igualito, no has cambiado —me dijo.

Bajamos del apartamento y salimos caminando los tres rumbo a la próxima cuadra, que era donde el más pequeño decía vivir. Llegamos en solo unos pocos minutos, entramos en el primer edificio de la esquina, por un pasillo lateral, y justo frente a la puerta del primer apartamento, el pequeño introdujo la llave en la cerradura, hasta que consiguió abrir la misma. Me mandó a pasar a una sala espaciosa, pero algo oscura, cuyo silencio y acústica me pusieron en guardia. Allí, todo era perfectamente audible, grabable, me senté donde me indicaron y comencé a hablar cuando me lo pidieron, sentía que iba a ser interrogado, qué sensación tan extraña y desagradable, la conversación comenzó así:

—Este señor que te acabo de presentar es funcionario del gobierno, pero como todo el mundo está obstinado de vivir en este país, hasta ellos quieren marcharse, pero que sea por la vía legal y lo más seguro posible, ¿crees que puedas ayudarnos?, no importa lo que cueste; su familia en Miami está dispuesta a sufragar los gastos que se originen, ¿puedes tramitar su salida?

Miles de cosas pasaron por mi mente, me sentí acosado, no sé, preso quizás, cada minuto en aquella sala era más silenciosa y oscura, nadie más había en el apartamento, solo nosotros tres, y la grabadora, pensé, dónde estaría, en el bolsillo de uno de ellos, en un florero que había encima de una mesita de centro sin flores, solo con arena; en medio del silencio y con la preocupación por dentro, solo pude decir:

—Sí, puedo hacer algo —les dije, pero lo más bajito posible, como para que no me escucharan.

—¿Cómo sería esta salida?, ¿qué garantías me ofrece? —preguntó el mayor, el interesado, que ya se había decidido a hablar qué tipo de chivato tenía.

—Hasta ahora he ayudado a dos cubanos con resultados satisfactorios, están allá en Venezuela sin problemas.

—¿Cuánto me costaría "la ayuda"? —me preguntó el interesado.

Pensé detenidamente la respuesta, ese era el delito, el gancho para obtener la prueba de la ilegalidad, del lucro, de la posible estafa, etc. Después de un silencio de casi cinco minutos le dije:

—¿En qué tú trabajas? O sea, más específico, ¿tú eres funcionario del gobierno de alto rango o simplemente de rango medio con ciertos privilegios en cuanto a viajes y accesos internos a lugares que no pueden frecuentar los cubanos comunes?

—Sí, de rango medio como tú describiste —me dijo.

—Nada, nada te costaría, solo los gastos por tramitación de documentos, certificaciones, envíos, etc., y cuando estés en territorio venezolano, si no cuentas con nadie allí, yo puedo irte a buscar, darte hospedaje por unos días hasta que te encamines, en eso no hay problema, lo haría con gusto.

Les dije, y se lo noté en la cara, se transformaron, no esperaban esa respuesta, hasta noté que hubieran querido insultarme, golpearme, no había caído en su juego, en su deseo que confesara que ese era para mí un negocio, traficar con la salida de los cubanos, lucrarme con su desgracia, no les quedó otro remedio que decirme:

—No es posible, tú tienes que ganarte algo, no vas a trabajar por gusto, por amor al arte —me dijo el más pequeño.

—No lo necesito, solo quiero ayudar, como les dije al principio —puntualice.

—Y, ¿sería la salida por Venezuela?

—Sí, por allí justamente, es por donde puedo y conozco —le dije.

—Bueno, déjame pensarlo, y te doy la respuesta antes que te vayas, ¿cuándo tú te vas?

—En siete días —le dije.

Y acto seguido me levanté y abandoné el apartamento lo más pronto posible, ahora si creía que me vigilaban, que me seguían, que algo se había filtrado, que debía tener sumo cuidado, más "mosca", que nunca, no debía correr riesgos innecesarios, debía cumplir con lo que me había llevado a la isla, sacar al funcionario de alto nivel que me contactó su tío en Caracas. ¡Nada más!, no había otra cosa más importante que esa. No aceptaría de nuevo hablar con nadie. ¡Qué error!

Regresé todo lo rápido que pude a casa de Enrique, no quería estar expuesto a lo que conocía, te montaban en un carro del "aparato" (como se conocía a la seguridad), y te detenían por unas horas en una instalación cualquiera, te interrogaban y te metían miedo, te desarmaban, te hacían ver que ellos eran infalibles, que todo lo sabían, se te desmoronaba el mundo y llegabas a pensar: me agarraron, estoy perdido, lo saben todo, mejor hablo; y en ese momento era cuando de verdad te jodías, y después te dabas cuenta de que no sabían nada y que solo actuaban para presionarte y atemorizarte, para intimidarte, ¡esa era la trampa!, y el que cayera, cantaba de lo lindo, y hasta se declaraban culpables, y en resumen, ellos no tenían ninguna información, ¡tú se la suministraste!

Enrique me preguntó el motivo de la entrevista, le dije, pero muy someramente, sin detalles y por supuesto, ni hablé de mis deducciones e impresiones con respecto a ellos, sería atemorizarlo, convertirlo en un manojo de nervios a rienda suelta, sin tener todos los elementos y se nos estropearía nuestro encuentro solo pensando que andan detrás de nosotros, que nos persiguen, ¡y nos perseguían!

Llegué acalorado y sudado, me preparé un whisky con soda, me senté en la sala, le dije a Enrique que pusiera algo de música suave, relajante, bebí un trago, y me senté a charlar con mi amigo:

—Por fin aquello que me contaste una vez, aunque no en detalle, de aquel muchacho que sacaste del ejército, y se fue para Venezuela, ¿dónde está por fin?

—Allá en Venezuela, trabajando y jugando béisbol —le dije.

—Lo que no te conté, fue que le puse el pasaje y el mismo día de pase de la unidad militar, Grey se montó en el avión aquí en el aeropuerto "José Martí", y cuando lo hizo, se sentía eufórico, seguro de haberse burlado de ellos, de haber escapado, se sentía un héroe. En el momento de despegue diez mil pies de altura y a los treinta minutos, el anuncio de la aeromoza que aterrizarían en Santiago de Cuba, Grey se cagó, literalmente, se sintió entonces como una libélula, una pulga viajera. Enrique, esos breves minutos de aterrizaje, de: "Ajústense los cinturones, asiento en posición normal, y no se paren hasta que la aeronave se haya detenido", le parecieron una eternidad, ¡y tuvo que descender!, bajar al recinto aeroportuario, lo chequearon dos veces, no sé si hasta tres, le hicieron preguntas en Santiago de Cuba, que ni en la Habana se las habían hecho.

En fin, hubieran querido bajarlo del vuelo, pero no lo consiguieron, ¡allá está!, lo reembarcaron en el mismo avión, hizo su segundo despegue y se alejó de tierras cubanas, tierras de terror y opresión. ¡Desertor!, así lo nombraron los agentes de la seguridad que estuvieron en su casa, y hasta los del ejército, cuando vieron que no regresaba a la unidad militar, me decía el padre que se les notaba en la cara la rabia por no haberlo podido atrapar, la rabia o la envidia, le dije al padre cuando me hizo el comentario, todos hubieran deseado lo mismo que mi amigo Grey, ¡Enhorabuena!

—Me imagino, yo no sé qué yo hubiera hecho en una situación como esa —me dijo Enrique.

A petición mía, esa noche fuimos a casa de mi amigo Pepe, que quedaba a solo dos cuadras de la casa de Enrique, y en sentido contrario a la casa donde me había entrevistado el día de ayer con los dos supuestos agentes del gobierno. Al llegar, Pepe se sorprendió tanto que no sabía si abrazarme, golpearme y solo me decía, pensaba que no nos íbamos a ver más, lo juro.

—¿Cómo tú andas? —le pregunté.

—Yo bien, a quien tengo jodida es a la niña, ¿te acuerdas de ella?, la arrolló un carro hace un mes y está enyesada, ven para que la veas —y nos hizo pasar al cuarto donde reposaba la niña.

Estaba enyesada hasta la cadera y con una varilla entre un muslo y otro, como para que no se moviera, y la fractura soldara a la perfección, se alegró cuando me vio, y aunque era muy pequeña cuando yo abandoné el país, se acordaba de mí, de mis visitas a su padre, y de cómo disfrutábamos de la música en conjunto.

—En estos días tengo que llevarla al médico, al ortopédico, y tiene que ser en una ambulancia, no cabe en un carro así como está, y la ambulancia me cuesta 20 dólares, que no aparecen, esto se ha puesto muy difícil, bueno, ya Enrique te habrá contado —me dijo.

—Relájate, la ambulancia la pago yo —le dije, y le di los dólares que necesitaba y algo más para comer—. ¡Qué angustia vivir así!

Nos agarraron las once de la noche conversando, hasta que, cansados de charlar, nos fuimos todos a dormir, con la promesa de reunirnos antes de que me fuera. ¡Lo prometí!, pero no lo cumplí.

A la mañana siguiente le dije a Enrique que iba a caminar, me fui de nuevo a casa de Alejandro, toqué dos veces hasta que me salió la madre, que al verme me dio un abrazo, y me dijo que Alejandro había ido a buscar algo, no sabía bien, pero que era para mí.

—¡Ah! OK, yo regreso en unos treinta o cuarenta minutos —le dije y me marché.

Caminé de veras, todo lo que pude, además, tenía ropa deportiva, ancha y fresca, llegué hasta la Ciudad Deportiva, pero no entré a sus instalaciones, la bordeé y me regresé por otro camino; quería disfrutar de mis caminos de juventud, recorrí cada una de sus calles, me mezclé con la gente, me di cuenta de la tristeza que llevaban por dentro, los vi transitar en chancletas, mal vestidos, con sus jabas o bolsas en las manos buscando comida, algo con que mitigar el hambre, no solo la de ellos, la de sus hijos también. Esa era la hora de salir a la calle, a la lucha, como decían, una lucha diaria, que no tenía fin, al contrario, cada día se ponía peor, se agudizaba la miseria y el hambre, las bodegas o abastos parecían un tiro al blanco, nada tenían, solo dos o tres productos alimenticios se exhibían en estantes de madera. Lo palpé, lo vi y lo conversé con la gente, con mis coterráneos, en mi querida Habana.

De regreso, y después de unas dos horas de caminata, llegué de nuevo a casa de Alejandro, allí estaba, como lo había encontrado la primera vez, sentado en la terraza bebiendo café. Desde que me vio llegar me sacó un sillón y lo acomodó junto al suyo.

—¡Siéntate!, todo marcha bien —me dijo.

—Eso espero, así que podemos brindar con café, ¿o quieres que mande a buscar con alguien una botella de ron o whisky?, ¿qué te parece?

—Excelente, pero lo dejamos para por la tarde, a eso de las cinco, ¿estás de acuerdo?

—Así será, a las cinco estoy aquí —le dije.

—Y lo mío, ¿ya se resolvió?

—Ahí dentro lo tengo, oyendo la conversación nuestra —me dijo.

—¿Podemos entrar para verlo?, este lugar no es seguro —le dije.

—Claro que sí, ya vamos toma café primero, no te angusties.

—OK —acepté, me demoré en terminar el café, estaba muy caliente, pero en cuanto terminé le dije—: Vamos a ver los documentos, estoy impaciente, quiero chequearlos detenidamente, es importante para mí que eso quede bien.

—Están perfectos —me dijo, y agregó—: Ya los revisé.

Entramos a su cuarto, encendió las luces, que aunque no eran muy buenas, mejoraban la visión, me extendió el pasaporte y me dijo:

—Revísalo, verás que el trabajo está perfecto, nadie puede saber que es falsificado, además, no lo es, todo se hizo lo más legal posible, el pasaporte se registró en los controles, como si la persona hubiera ingresado al país en calidad de turista en la misma fecha que le colocaron de salida de Venezuela, por supuesto, ahí tienes también el boleto aéreo de regreso que se cuadró con un funcionario de tráfico de Cubana de Aviación, que voy a tener que pasarle algo de plata —me dijo.

—Eso no es problema —le dije.

—Sí, parece excelente el trabajo, y si es como tú me dices, pueden hasta consultar los controles de ese día de entrada al país, ¿no es así?

—Así es mi hermano, todo quedó de maravilla, te lo digo yo, que conozco de eso.

—OK, aquí tienes doscientos dólares para tu amigo y trescientos para ti, dale doscientos dólares también al de Cubana, ¿OK?, magnífico hijo de puta, trabajas bien y seguro, al menos eso creo —le dije.

—Tengo que irme, pero regreso a las cinco como acordamos, no me embarques, ¿OK?

—Aquí estaré, pero trae whisky, nunca lo he tomado —me dijo.

Regresé a la casa de Enrique, justamente cuando casi se disponía a salir a buscarme, pensaba que me habían detenido, secuestrado, raptado, no sé, cualquier cosa, pero ya iba a salir en mi búsqueda, ¡así son los amigos!

Fui derecho a la habitación y guardé el pasaporte y la cédula en mi bolso, y en ese instante volví a chequearlo, me parecía perfecto, estaba satisfecho y emocionado al mismo tiempo. Se acercaba la hora de la verdad. La hora de sacar ilegalmente a un cubano de la isla. Solo me quedaban unos tres días en Zozobra.

A las cinco de la tarde, como había quedado con Alejandro, me fui a su casa con una botella de Etiqueta Negra, Johnnie Walker, y unas sodas para mí; hicimos una fiesta estilo cubano, con música y hablando alto, todo lo alto que dieron nuestras voces y cuerdas vocales, compré algo de carne que preparamos para soportar el alcohol, y pasamos una velada extraordinaria.

Ya tarde en la noche, Enrique y yo nos fuimos a una discoteca, a él no lo dejaron pasar, a mí sí, yo era venezolano, ¿qué ironía verdad? Me acababa de enterar de que era venezolano.

Me desperté a las seis de la mañana, y a pesar de que solo faltaban unos dos días para regresar, arreglé mi equipaje, que no era mucho, y lo dejé todo listo para la despedida. A eso de las nueve de la mañana le dije a Enrique: "Voy a caminar, pero en la Ciudad Deportiva", me subí al carro, lo encendí y me fui derecho al Carmelo de la calle Calzada, esa cafetería del Vedado, frente al teatro que tanto visitaba en mis años de estudiante. Estacioné el vehículo frente por frente a la cafetería para que todo el mundo lo viera, entré en ella por la puerta principal y de una vez salí por la lateral; encaminé mis pasos hasta la calle Línea, giré mis pasos a la derecha, y continué caminando hasta que llegué a un edificio situado justo frente por frente a una iglesia, de donde a esa hora salían los feligreses del culto de la mañana. Confronté la dirección que traía en mi bolsillo y subí, no por ascensor sino por escalera, los siete pisos que me separaban de la casa de mi futuro compañero de viaje.

Llegué extenuado, a pesar de haber hecho ejercicio físico en la mañana, me hice el firme propósito de crear una rutina de ejercicios diarios que me mantuvieran en forma, en salud, sudaba copiosamente.

Toqué el timbre del apartamento, mientras me secaba el sudor con mi pañuelo, se demoraron en abrir, y al ver que el ojo mágico de la puerta se ponía borroso, me di cuenta de que ya alguien me observaba y abriría.

—Buenos días —dije a quien abrió la misma.

—Buenos días —me dijo, y me preguntó—, ¿a quién desea?

—¿Frank se encuentra? —le dije.

—Sí, apenas se acaba de levantar, pase adelante, señor —me dijo muy amablemente, indicándome un asiento donde esperar por Frank.

La brisa que entraba por el balcón abierto de la sala, ayudó a acabar de secar mi sudor del rostro.

Apenas transcurrieron quince minutos cuando se presentó ante mí un hombre cuarentón, de pelo cano, pero teñido de negro, de buena complexión atlética, y de elegante vestir. Bigote fino, teñido también, pero bien atendido. Se parecía al de las fotos que yo poseía.

—¿Es usted Frank? —le dije.

—El mismo, y, ¿usted es Emilio?

—En efecto, ese soy yo, ¿me esperaba? —le pregunté.

—Sí, hace días —me dijo.

—Aquí están sus documentos, espero poder hablar aquí con tranquilidad, ¿no es así?

—No hay problema, podemos hablar aquí con absoluta confianza —me dijo.

—Debe aprenderse al pie de la letra, ¿cuál es su nombre?, ¿en dónde nació?, por supuesto en Venezuela, en el Estado Vargas, ¿a qué vino a este país?, de turismo, ¿si le gustó o no?, por supuesto que le gustó, ¿cuándo nació?, el himno nacional de Venezuela que ya se lo copie y ahora se lo voy a cantar varias veces hasta que se lo aprenda, no hay apuro, ¿OK? Recuerde que se va conmigo pasado mañana en el vuelo de Cubana de Aviación, nos la estamos jugando de verdad, ¿entiende eso?

—Sí, señor, lo entiendo —me dijo un poco aturdido, quizás porque no me esperaba ese día en específico.

—Si usted me lo permite, me quedaré aquí hasta que usted domine toda su nueva identidad, ¿está de acuerdo? No confío en que usted me diga que ya se sabe todo, que está listo, quiero poder verlo, sentirlo y ver su comportamiento natural, no lo hago por usted, yo corro más peligro y delitos que usted —le dije.

—Puede estar aquí todo el tiempo que quiera, lo único que deseo es largarme de este país para siempre —me dijo—. ¿Es mucho el riesgo que debemos correr?

—¿Qué cree?, con pasaporte falso, cédula falsa, siendo dirigente del gobierno cubano, estando fichado por sus manifestaciones en contra del régimen, ¿qué usted cree que le pueda ocurrir?, ¡que le den una fiesta en el Salón de las Convenciones de Cuba, y una medalla a la perseverancia!, no me joda, estúdiese bien eso, y le digo, no me voy de aquí, hasta que no se lo sepa de memoria, incluso el himno. ¡Comencemos de una vez!, ¡ah!, y me perdona que lo trate así acabado de conocerlo, pero esto es muy serio, ¿comprende?

—Sí, lo entiendo, no se preocupe, cooperaré lo más posible con usted —me dijo.

Estuve en el apartamento de Frank hasta alrededor de las seis de la tarde, pero ya conocía mejor Venezuela que yo, era inteligente el muy "cabrón"; en algunos descansos llamé a Enrique y le hice saber que me había tropezado con unos amigos y me demoraría; eso evitó que saliera a buscarme. Frank ya estaba listo para viajar, le recomendé se pusiera ropa ligera y no cubana, ropa extranjera, nada de guayaberas que delataban y daban apariencias de segurosos en fuga. La noche antes, con el pretexto para Enrique de salir con una jinetera, regresé a su apartamento, repasamos en dos horas lo que había aprendido el día anterior, ¡era una eminencia el cuarentón! Hice la misma operación del vehículo que el día anterior, y lo mismo en el Carmelo, entré por la principal y salí por la del costado. Estaba seguro de que nadie me había seguido, y si así hubiera sido, lo había despistado, de eso estaba seguro.

Acordamos que lo pasaría a buscar entre las cinco y cinco y treinta de la mañana, el vuelo salía a las ocho, había que llegar temprano, era importante chequear a esa hora, las señales así me lo hacían saber, mi intuición bendita. Alrededor de las once llegué a la casa de Enrique, me esperaba con el pescado al horno, botella de whisky y cerveza para mi despedida, solo entre él y yo; no había querido visitar ni anunciarme con todos mis amigos, que eran bastantes, por no correr la noticia de mi viaje y levantar sospechas del mismo. Esa noche, en vez de acostarme temprano, después de comer, nos fuimos de rumba sin preocuparnos por nada, si nos seguían o no, si me iban a detener, si me juzgarían en mi propia tierra por ayudar a salir a alguien que no quería comulgar con las ideas del régimen, que detestaba la dictadura. Nos divertimos en un hotel que si permitió entrar a mi amigo, que a pesar de ser cubano, era un ser humano y quería disfrutar de lo que le estaba negado durante muchos años por el solo hecho de disentir, de no poseer una posición privilegiada en el gobierno, ¡qué mierda!, ¿verdad?

Llegamos a eso de las cuatro de la madrugada, me duché, me preparé una infusión doble y decidí no dormir, realizar mis ejercicios de Taichí, que hacía tiempo no realizaba antes del amanecer, equilibrar mi mente y mi cuerpo, recobrar mis sentidos, despejar los efectos del alcohol, y orientar mis intenciones y pensamientos a culminar satisfactoriamente la misión que me había traído a la isla. A las cinco estaba como nuevo, Enrique dormía como un lirón, hasta roncaba, bajé del apartamento, encendí el carro y me fui derecho a buscar a Frank, agarré todos mis bultos, incluso sin despedirme de Enrique, la situación lo requería, cuando despertara ya estaría en Venezuela.

Capítulo X

LLEGUÉ AL APARTAMENTO de Frank alrededor de las cinco y treinta de la mañana, quizás unos minutos antes, esta vez estacioné en la iglesia, en la parte frontal, me costó trabajo esconderme de los chivatos de la cuadra que a esa hora aún estaban de guardia cederista, esperé que se alejaran, los burlé. Entré sin ser visto en el edificio de mi cliente Frank, que ya me esperaba vestido, pero lo noté muy intranquilo y preocupado, era lógico, pero debía calmarse, se le notaba que no había dormido en toda la noche, igual que yo, pero por causas diferentes; lo ayudé con su bolso para que notara mi solidaridad, pero, aun así, no mejoró su estado de ánimo. En un cuarto de hora recorríamos la avenida de Rancho Boyeros, rumbo al aeropuerto; durante todo el trayecto, que no excedió, a esa hora de la madrugada de unos veinte minutos, le fui preguntando a Frank cómo se llamaba, en dónde había nacido, el himno nacional de su país, algunos de sus estados más importantes, su presidente, centros turísticos, el metro, la cantidad de muertos que había a la semana, etc.; solo se equivocó una vez, estaba bien entrenado.

A mi derecha el Hospital Psiquiátrico me recordó que ya estábamos a escasos minutos del aeropuerto, todo estaba en calma en la zona, era muy temprano aún; en la intersección de la avenida Boyeros, la que conduce a la instalación aeroportuaria, nos cruzamos con una patrulla de la policía que a esa hora parecía iba de retirada, llegamos al *rent–car*, frente por frente, por donde debíamos embarcar, me asomé por la ventanilla y vi al funcionario que descansaba plácidamente, lo desperté y le hice entrega del vehículo, lo chequeó, y me dijo: "Todo bien, gracias".

Consulté el reloj, eran las seis y diez de la mañana, nos detuvimos unos instantes y en ese momento tomamos la decisión de desayunar en una de las cafeterías de la instalación, estábamos en tiempo; aunque a decir verdad, Frank no tenía muchos deseos de desayunar. Familiarizarnos con el lugar, lo ayudó bastante, empezó a mejorar, adoptó otra actitud, se le veía más optimista, empezaba a sentirse turista venezolano de verdad, y eso era lo que yo quería y necesitaba, ya hasta hablaba con soltura conmigo (y aplicaba una que otra "vaina", en su vocabulario), de su querida Venezuela natal, que aún no había conocido; fue buena la idea de desayunar, pensé yo.

Llegó la hora de la verdad, no podía haber más dilación, teníamos que chequear, le puse la mano en el hombro a Frank para darle ánimo, ¡así le llegó!, y me dijo: "¡Adelante!".

Nos dirigimos directamente al *counter* de Cubana de Aviación, pasaporte y boleto aéreo sobre el mostrador, equipaje en la pesa, el de tráfico tomó los documentos, los chequeó, hizo anotaciones, algún que otro *check mark* en el boleto aéreo en señal de que todo estaba bien, nos expidió el ticket del equipaje de Frank, yo solo tenía el bolso de mano, y nos entregó a ambos el *boarding pass*, nos señaló por donde debíamos agarrar para dirigirnos a inmigración. Frank había comenzado a sudar y se había puesto blanco; me dijo:

—Me estoy sintiendo mal, debo ir al baño.

Nos encontrábamos a solo unos pocos metros del mostrador de inmigración, dejé a Frank allí, parado junto a la pared del pasillo, y me fui a ver a uno de los funcionarios, al cual le dije:

—Mi amigo no se siente bien, parece que desayunar no le asentó, me puede indicar si es tan amable, ¿dónde está el baño?

—Sí, mire, allí, al lado de la puerta 4, está el de caballeros —me dijo.

Regresé donde estaba Frank, lo conduje a través del pasillo y mientras lo hacía, le dije en voz muy baja:

—Ni me hables de esto en el baño, no se te ocurra, vomita y apriétate el cinturón que aquí te ganas la libertad o lo pierdes todo, "y yo también cojones", no me voy a calar diez años preso por violar las leyes de inmigración, ¿entendiste?

—Sí, no te preocupes, en cuanto vomite mejoro, ya lo verás —me dijo más animado, pero no convencido.

—Arriba, vomita —le dije al entrar.

Escuché cómo lo hacía desde fuera del baño, y hasta a mí me dieron ganas de hacerlo, pero me controlé. Al terminar se lavó las manos y la cara, sacó su cepillo de diente: y se cepilló, y entonces me dijo;

—¡Estoy listo!

Lo noté con otro ánimo, le asentó vomitar, pensé, aunque estaba demacrado. Salimos del baño, hicimos una breve parada en el pasillo y nos fuimos derecho al mostrador, la suerte estaba echada, no había marcha atrás, estábamos entre el avión y la calle, entre la prisión y la libertad.

Puse a mi amigo Frank delante, y como él estaba acostumbrado a viajar, entregó su pasaporte con soltura, sin nerviosismo, ¡qué bien!, dije por detrás.

El funcionario de inmigración no tenía muy buena cara, al menos eso es lo que me transmitía su fisonomía de rasgos no finos, mirada escurridiza, algo grueso, y sin sonrisa amable, como corresponde a todo empleado público; las condiciones no eran favorables, pero eran las que teníamos, y aunque existían otros que chequeaban también, ese fue el que nos tocó y con él teníamos que arrear, no quedaba otra solución.

Frank esperó a que el funcionario leyera y verificara su pasaporte en calma (ya Frank no sudaba tanto), con la mirada fija en el documento:

—¿Su apellido es Riquelme? —le dijo el de inmigración.

—Sí, y mi nombre es Joaquín —respondió mi amigo con firmeza.

—¿Cuánto tiempo lleva usted en Cuba?

—Unos veinte días más o menos.

—¿En qué hotel se alojó? —preguntó el funcionario.

—En ninguno —no habíamos previsto eso, por Dios—, me quedé en casa de un amigo cubano, no fui a ningún hotel —le dijo.

—Pero no sé si usted conoce que debía haber hecho una reservación de hotel antes de viajar a Cuba, ¿no se lo informó el consulado cubano en Caracas?

—No, señor, nadie me dijo nada.

—¿Cuál es la dirección de su amigo cubano? —insistió.

—Calle línea número 826, entre A y B, en el Vedado, creo que es esa si mi memoria no falla —le dijo al de inmigración.

—¿Es la primera vez que está en nuestro país?

—Sí, señor —le dijo escuetamente.

—¿Le gustó? —le preguntó, y lo miró fijamente.

—Sí, mucho, pienso volver, claro, si me lo permiten —le dijo Frank.

—Señor Joaquín, ¿dónde sacó usted este pasaporte?

—En extranjería, en la DIEX de Venezuela, como todo el mundo, ¿por qué?

—No sé, creo que tiene alguna que otra diferencia con los que estoy acostumbrado a chequear —le dijo.

—Pues en realidad no sé, pero si quiere, puede llamar a mi embajada y consultar, además, cuando yo entré en este país, nadie puso ninguna objeción a mi pasaporte, ¿cómo es que ahora si la hay?

—Permítame hacer una consulta —le dijo y se alejó, lo vi desaparecer por una de las puertas del pasillo.

El funcionario de inmigración que estaba en el mostrador contiguo se dirigió a mí.

—Usted —y me hizo señas—, pase por aquí, por favor —y desvió la pequeña cola que se había formado en el mostrador donde estaba Frank, que debía permanecer allí.

Frank sudaba copiosamente, le hice señas, que se mantuviera tranquilo, que eso era pura rutina para atemorizarlo, que no se dirigiera más a mí, nos observaban por cámaras, le dije entre dientes y muy bajito, regresé al mostrador de al lado y me puse en la cola.

Pasaron los veinte minutos más angustiosos de mi vida, de tensión; desde la fila donde estaba, podía observar cuando el funcionario regresaría; solo atinaba a mirar a la puerta por donde había entrado. Traté de controlarme, respiré profundo, recé, invoqué a todos los santos, porque esto saliera bien, al igual que yo, Frank sudaba y se había demacrado y muy pálido, y cuando estaba en mis súplicas religiosas, salió el funcionario por la misma puerta que había entrado minutos antes, abrió la puerta de su mostrador, se sentó, y con una sonrisa en los labios, le dijo a mi amigo:

—Tenga usted un feliz viaje —y selló su pasaporte.

—Muchas gracias —le dijo Frank, y lo vi como avanzaba con su bolso de mano por el pasillo en dirección a las puertas de abordar.

Me vino el alma al cuerpo, dejé de sudar, me imagino que recobré el color de mi rostro, se reguló el pulso, y hasta hambre me dio, solo esperaba el momento de sentarme junto al señor "Joaquín Riquelme", y brindar, aunque fuera en silencio. Ahora solo quedaba esperar el momento de abordar, pero allí solo se debía presentar el pase a bordo, aunque debíamos ser cautelosos, aún estábamos en tierra cubana. Todavía faltaban cuarenta y cinco minutos para que saliera el vuelo; por los altavoces del salón anunciaron que el vuelo tenía una demora de treinta minutos por razones técnicas; al "carajo", lo que faltaba, una demora de Cubana, "si no sale hoy, sale mañana", como le dicen a la aerolínea en el exterior: "Joaquín agarra tu bolso y vamos a tomar café, te vendrá bien a ti y a mí". Así lo hicimos, tratando de no preocuparnos, de mantenernos serenos por esa demora y no pensar que se debía a otras razones no relacionadas con nosotros, con los documentos de Frank.

La cafetería estaba concurrida, ese día y a esa hora estaban programados varios vuelos, México, Panamá, Venezuela y otro, creo que a Europa. Pedimos dos cafés, el cual nos sirvieron en tazas de losa, agarramos el azúcar y nos ubicamos en un mostrador a disfrutar nuestro néctar negro de los dioses blancos. Al menos yo sentía que todos los presentes me miraban y conocían lo que estábamos haciendo, hasta llegué a pensar que de un momento a otro alguien se nos acercaría y nos conduciría a una oficina donde todo quedaría al descubierto, sabía que mi amigo Frank pensaba exactamente igual, su cara lo reflejaba. Ya solo faltaban quince minutos para que se volviera a anunciar nuestro vuelo; terminamos nuestro café en silencio y regresamos al salón de espera para abordar.

Lo tan esperado se anunció de nuevo por los altavoces, pero esta vez, nos ordenaban embarcar; con el pase a bordo, el señor Riquelme y yo nos incorporamos a la fila donde debíamos entregar el pase; el representante de la aerolínea desprendió el ticket del *boarding pass* y nos indicó con mucha amabilidad por donde debíamos dirigir nuestros pasos hacia la aeronave. Asiento 12 y 13, veinte mil pies de altura, y un destino, Caracas, Venezuela; aterrizamos alrededor del mediodía en el aeropuerto de Maiquetía, desde que llegué me comuniqué con Ray en la DISIP, debía explicarle que el pasajero, Joaquín Riquelme, era un pasajero ilegal, no quería dificultades con las autoridades venezolanas, y además necesitaba jugar con la verdad desde el principio para poder legalizarlo en el país y lograr el objetivo final, enviarlo a Miami, como había acordado con su tío. Ray demoró en encontrarse con nosotros unos quince minutos; se solidarizó enseguida con el caso, y no solo eso, nos apoyó y nos facilitó la salida de la instalación aeroportuaria. Después de pasar el peaje y antes de cruzar los túneles Boquerón I y II, le hice una llamada al tío de Frank, que no sabía que su sobrino ya estaba a salvo en territorio venezolano; la comunicación me costó trabajo lograrla, no había buena recepción en la zona.

—¡Aló! Señor Martínez, le habla Emilio, ¿cómo está usted? —le dije.

—¡Qué alegría me da escucharlo!, lo estuve llamando en varias ocasiones la semana pasada, repicaban sus teléfonos, pero no conseguí hablar con usted —me dijo.

—Le tengo una sorpresa, señor Martínez, además estaba de viaje en su tierra —le dije.

—¿Habló con mi sobrino?

—En realidad no hablé con él, se lo traje —le dije y le pasé el celular a Frank de una vez, que lloraba como un niño al escuchar la voz de su tío.

—¡Tío!, ya salí del infierno, gracias a este señor que me acompaña —le dijo—. La operación resultó difícil, ¡pero lo logramos!, nos veremos hoy, ¿verdad?

—Sí, seguro —le dijo su tío.

—Te paso a Emilio —le dijo y me alcanzó el teléfono.

—Sí, ¡ah!, señor Martínez, nos vemos justo en dos horas en mi casa, ¿le parece bien?

—Excelente, no sé cómo agradecerle.

—Nada, ya me lo dirá, nos vemos en dos horas, ¡ah!, y recuerde el resto de la plata —le dije y tranqué.

Al mismo tiempo que escuchaba:

—Con eso no hay problema, se la llevo —se refería al resto de la plata.

Frank disfrutó del trayecto, se sentía conmovido y extasiado con el cambio tan brusco que había experimentado, y no solo eso, ¡cómo lo había experimentado!, meditaba, se recostó en el cabezal del carro, estaba extenuado, desconcertado, esa era la palabra adecuada; todo le parecía hermoso, hasta los ranchos que encontramos en el camino. Como siempre, la autopista estaba congestionada a esa hora del mediodía, aunque mi amigo Frank había viajado otras veces, se sorprendió al ver la cantidad de vehículos y de anuncios publicitarios que había en la autopista, típicos de Venezuela, disfrutaba de ellos, empezaba a preguntarme por cada uno de los lugares por donde pasábamos, le empezaban a interesar las cosas, comenzaba de nuevo a vivir su vida, había experimentado un nuevo giro positivo. Nos desviamos por la Carlota, le enseñé la casa del presidente de la República, y en solo unos pocos minutos, entrábamos en el estacionamiento de mi residencial; subimos en el ascensor hasta mi "palomar", con mi vista preferida, con la cual Frank quedó fascinado, horas estuvo contemplado una parte de Caracas, y por supuesto, preguntándome lo que le parecía interesante:

—¿Te preparo un whisky o quieres una cerveza?, ¿qué prefieres?

—Dame una cerveza —me dijo.

—OK, espérame, déjame preparar algo de comer, las emociones me han dado hambre —le dije y me retiré a la cocina, lo dejé contemplando la vista parcial de Caracas.

Regresé con algo de picar al mismo tiempo que le decía:

—Sabes, no sé si podremos utilizar el mismo pasaporte para mandarte para los Estados Unidos, a lo mejor a esta hora ya está fichado, eso debo consultarlo con los funcionarios de inmigración, aunque pienso que, de estarlo, ¿qué importancia tendría eso aquí en Venezuela?

—De todas formas, consúltalo, no vaya a ser que me joda y me tenga que quedar aquí, aunque, a decir verdad, no me importaría, la ciudad es bonita, y fuera de Cuba, cualquier país me viene bien —me dijo.

—Sí, es verdad, en cualquier parte, menos en mi Zozobra querida —le dije.

Sonó el intercomunicador de la entrada, era seguro el tío de Frank que había llegado; en efecto, era él, le abrí la puerta y le di instrucciones a la seguridad del edificio que le marcara el ascensor; en breve llegó a la puerta del apartamento.

—Frank "carajo", qué bueno verte coño —y le dio un abrazo muy efusivo—, pero cuéntame, ¿cómo logró este señor sacarte de la isla?, eso es difícil, Cuba tiene fama de tener excelentes controles, y sistemas de seguridad, ¿no crees? —dijo.

—Después de esta operación, me he dado cuenta de que hasta eso es un mito, viven de la sugestión y la intimidación, más que de los controles y los sistemas de seguridad, no saben nada, están atrasados, Emilio me lo dijo en el aeropuerto de la Habana cuando tuvimos un tropiezo con el funcionario de inmigración: "Van a probar contigo, te van a querer intimidar, no saben nada, o sea, es pura pantalla", y así fue, regresó, pasaporte en mano y me dijo al final: "Que tenga un buen viaje"; ¡tantos años de engaño!

—Sí, pero nunca te confíes, te puede salir mal —le dije.

—Bueno, bueno, cambiemos el tema, que aún queda mucho por hacer, ¿no les parece?

—Sí, a este lo quiero en Miami —me dijo el señor Martínez, al mismo tiempo que me hacía entrega del resto del dinero.

—Así será, si Dios quiere —le dije.

—¿Cuándo me lo mandas? —agregó.

—En menos de quince días, pero no te vas a enterar —le dije y me reí.

—No importa, ya confío, aunque quiero decirte que cuando te llamé la semana pasada y comprobé que no estabas, pensé que me habías estafado, ¡qué mal rato pasé!

—Decía Martí, el apóstol de nuestra tierra, que, "hay cosas que, para lograrlas, han de marchar ocultas, en silencio", ¿no crees? —le dije.

Al día siguiente, me desperté tardísimo, se nos había ido la mano en la celebración del día anterior, hasta las doce de la noche estuvimos cocinando, bebiendo, y charlando; Frank se fue con su tío a esa hora, aunque con la promesa de regresar en tres días, debía comenzar con su entrenamiento para lograr la salida para los Estados Unidos. Me tomé una aspirina, me dolía la cabeza terriblemente, seguro tendría la tensión por las nubes, me fui a la oficina.

—Epa Luis, buenos días, ¿cómo estás tú? —le dije, no más verlo.

—¿Dónde estabas metido?, ya estábamos preocupados, pensamos que te habías ido para Cuba con Fidel —me dijo en tono de broma—, te llamé a la casa en varias oportunidades, pero no contestaba nadie.

—No estabas muy lejos de la verdad, estaba en Cuba —le dije y se sorprendió de tal manera, que seguro estoy, le pasaron mil ideas locas por su mente en ese instante; que si soy de la seguridad, que soy un maldito loco sin remedio, que por qué se lo oculté, etc., etc., etc.

—¿Y qué coño tú hacías allá? —me dijo.

—Sacar a una persona del país de forma ilegal, por eso no te dije absolutamente nada, lo hice por mi cuenta y riesgo, y todo salió bien, ya está aquí con nosotros, en estos días te lo presento, ahora agarra otro destino —le dije—, y voy a hacerlo de idéntica forma, en silencio.

—¿Y cómo fue que lo sacaste? —me preguntó.

—En silencio, ya te dije.

No tenía muchos mensajes en el escritorio, pero si había uno que me dejó pensativo, y decía así:

"De: Roberto Aguilar.

A: Emilio.

Asunto: Tramitación.

El señor Aguilar llamó desde los Estados Unidos con el propósito de hablar con usted para poner en sus manos un caso de sumo interés para él, que usted sabrá atender, por la complejidad del mismo. Favor devuélvame la llamada al 305–628–8769".

Este era el mensaje que me fue suministrado por la secretaria del Escritorio Jurídico, lo leí y releí, no sé cuántas veces, no conocía a nadie con ese nombre, y mucho menos en los Estados Unidos. Antes de llamar y evacuar dudas, le mostré el mensaje a Luis que me dio su opinión, que al final comprobé que era muy acertada, y le dije:

—Luis, dime qué te parece este mensaje, que en mi ausencia me dejaron con la secretaria —le dije.

Lo leyó, una y otra vez, y muy pausadamente me dijo:

—Pienso, que debe ser de algún cubano residente en los Estados Unidos que quiere contactar contigo para que le saques a algún familiar, ¿qué otra cosa puede ser? —me dijo.

—Sí, yo pienso lo mismo, pero no conozco a nadie con ese nombre, además, nadie me ha llamado para recomendármelo, lo cual es usual en estos casos delicados, ¿no crees?, ¿por qué voy a confiar?, ¿no te parece?

—Sí, tienes razón, ese es el procedimiento, pero recuerda que tú no estabas en el país, lo más seguro es que te vuelvan a llamar y sea algún conocido tuyo, espera unos días antes de aventurarte a contactar con esa persona, ¿estás de acuerdo?

—Eso haré, voy a esperar unos días a ver si me llaman —le dije.

En cuanto revisé los asuntos pendientes e hice unas llamadas por teléfono locales, me marché de nuevo a mi casa, ya que al día siguiente debía madrugar para reunirme con los funcionarios de inmigración y concretar la salida de Frank lo más pronto posible.

Al llegar a la casa, me duché de nuevo y me fui derecho a la nevera, tomé una cerveza y me senté en el ventanal favorito de mi morada, allí sumido en mis pensamientos, afloró a mi mente el recuerdo de un caso que en la década de los noventa me tocó resolver, de Cuba saqué a una muchacha de unos veintitantos años, esposa de un señor que era de mí misma ciudad en la isla; y en realidad, no sé por qué todos los trámites migratorios se hicieron a una velocidad poco acostumbrada con relación al gobierno comunista de la isla. Lo cierto es que la muchacha, la cual apodaban "Mama", llegó a Venezuela en poco menos de un mes, y la encaminamos durante otro mes con el aprendizaje de las comidas, costumbres, idioma, y símbolos patrios de Venezuela para que pudiera pasar los chequeos aeroportuarios de inmigración, aerolíneas y aduanales, cuando le fijáramos su vuelo para Miami; resultó ser una buena alumna, se aprendió su nuevo nombre, el cual le habían puesto en su pasaporte y cédula, aunque tenía sus dificultades por el aprendizaje tan rápido del país a donde había arribado hacía tan solo unos quince días. La llevamos a diferentes sitios de la capital, así como a los principales centros comerciales, a los Próceres, al Ávila, por las principales autopistas, al metro, y a todos los posibles lugares que pudieran ser objeto de preguntas a la hora de chequear su salida al exterior.

Llegó el día esperado, debía estar en el aeropuerto a las seis de la mañana para que abordara el primer vuelo de American Airlines a la ciudad de Miami. "Mama", llegó puntual al aeropuerto, los funcionarios de inmigración, que se ocuparían del caso, le dijeron que hiciera la cola de chequeo en el *counter* de la aerolínea, que en ese momento era bastante grande; como buena cubana al fin, hizo su cola disciplinadamente. Cuando llevaba una media hora en la misma, llegaron dos funcionarios que se identificaron como miembros de las FAA y de la DEA, y al azar sacaron de la fila a cinco de los pasajeros que allí estaban, entre los elegidos estaba "Mama"; a "Mama", la llevaron por uno de los pasillos de la instalación aeroportuaria hasta una oficina donde un funcionario de ellos le hizo varias preguntas acerca de los motivos de su viaje a los Estados Unidos.

La preocupación de la cubana estaba centrada en los documentos que cargaba, que tanto pasaporte como la propia cédula venezolana eran falsas, lo cual ella conocía que si eso se demostraba, algunos años de prisión le tocaban. Después de una hora de interrogatorio en la oficina del aeropuerto, una funcionaria de la DEA la acompañó hasta el estacionamiento interno donde abordaron un vehículo que la condujo hasta el Hospital Vargas, donde le practicaron placas radiográficas para determinar si llevaba droga en el estómago y le dieron algo de beber para provocarle el vómito, ¡vomitó!; mi querida "Mama", no se acobardó, se dejó hacer las radiografías, se tomó el líquido que le dieron, y al finalizar las pruebas, la funcionaria de la DEA le devolvió su cédula y pasaporte, y le dijo estas palabras:

—Señorita, discúlpenos, pero así son las cosas estas de chequeos, por la presunción del tráfico de drogas, Usted, nada tiene que ver con eso, una vez más, le ruego nos disculpe —le dijo muy apenada la funcionaria de la DEA.

—OK, no hay problema con eso, entiendo que ustedes cumplen con sus funciones y con su deber, pero, ¿y ahora qué hago yo?, ya perdí el vuelo y debo haber llegado a los Estados Unidos en el primer vuelo de la mañana —le dijo "Mama", con suma tranquilidad.

—No se preocupe, en el próximo vuelo, que será dentro de una hora y media, nosotros la montaremos, no tendrá ninguna dificultad al respecto, le ruego, nos disculpe, por las molestias causadas, y le aseguro, no tendrá dificultades nuevamente, ni aquí, ni en los Estados Unidos —le reiteró la funcionaria.

A los pocos minutos y junto con el resto de los pasajeros, "Mama", fue trasladada nuevamente al recinto aeroportuario, pero esta vez la dejaron en la oficina de American Airlines hasta que saliera el próximo vuelo; cuando anunciaron la salida del próximo vuelo con destino a la ciudad de Miami, la funcionaria de la DEA se presentó frente a ella, y le dijo:

—Sígame, señorita, por favor.

"Mama", encaminó sus pasos detrás de la funcionaria, la cual sin chequear documentos la trasladó directamente al avión, la ubicó al parecer en uno de los asientos que ellos poseen fijos en los vuelos, claro después de hablar con el personal de vuelo para facilitar su ubicación. Mama se salvó, pasó con su salvoconducto de la DEA y caminó como Pedro por su casa hasta el avión. Estando el avión en la cabeza de la pista, chequeando instrumentos y esperando la autorización de despegar, "Mama", respiró todo lo profundo que pudo, cruzó sus manos y le dio gracias a Dios por haberla ayudado de esa manera; ¿qué suerte, verdad? Allá está con su marido en Miami, ya tienen dos hijos que son americanos.

Me provocó tomarme otra cerveza y me fui derecho a la nevera y extraje otra, continué con mis pensamientos sobre este hecho, que mientras la cubana estaba en manos de la DEA y la FAA, los funcionarios de inmigración, en comunicación conmigo, vía teléfono, me decían:

—Emilio, se la llevaron, no sabemos a dónde, la FAA es como el FBI de la aviación, no podemos nosotros intervenir, solo podemos esperar, no desesperarnos, tener paciencia —me decían.

—Sí, pero alguien debe saber hacia dónde se la llevaron, no me jodas, aquí todo se sabe, ¿no crees?

Le dije a uno de ellos, mientras me secaba el sudor que me corría por el rostro y el cuello, los nervios me traicionaron, lo creí todo perdido, y mucho más con todos esos personajes involucrados. Al final ni ellos mismos supieron cuándo la funcionaria de la DEA la colocó en el vuelo, se enteraron cuando al representante de la aerolínea le entregaron el boleto aéreo de la cubana para su registro y procedimiento. Entonces este llamó de inmediato a los funcionarios de inmigración y le dieron la noticia. ¿Qué les parece?

Recuerdo que ese día me lo pasé en estrés, no atinaba a nada, todo me alteraba, hasta tomé una de esas pastillas mágicas de los nervios que tampoco me calmaron; solo logré la paz cuando con mucho trabajo logré dormirme ya avanzada la noche. Escuché el timbre del teléfono, como a eso de las doce de la noche, pero no lo atendí, salió el contestador y escuché que "Mama", me dejaba el mensaje que ya estaba junto a su esposo en Miami, que todo al final había salido de maravilla. ¡A Dios mil gracias!

Terminé de tomarme la cerveza, cené algo muy ligero y me fui a la cama como había sido mi intención desde el primer momento de mi llegada al apartamento, dormí profundamente, y sin despertarme, hasta las ocho de la mañana del siguiente día.

Capítulo XI

ME APURÉ EN salir después de desayunar, iba un poco lejos a la Guaira a cuadrar la salida del amigo Frank; y eso no podía esperar, aunque algo demoraba, no fuera a ser que el gobierno cubano solicitara una reclamación o extradición del funcionario, y era mejor que si esto se hacía, estuviera en Estados Unidos y no aquí en Venezuela. Agarré la autopista este–oeste, y a la altura de Bellas Artes comenzó a llover, llovía copiosamente, siempre he dicho que aquí en Venezuela cuando comienza a llover se tranca el tránsito, no sé por qué será, pero así fue como ocurrió esa mañana. Me calé una cola que no vino a despejarse hasta antes de entrar en el primer túnel de la vía que conduce a la Guaira, donde comenzó a fluir el tránsito, hasta que se despejó por completo; pensaba y valoraba la posibilidad de que Frank saliera del país rumbo a los Estados Unidos con los mismos documentos con que salió de la Habana, ¿qué podría ocurrir? Según mis valoraciones, ¡nada!, absolutamente nada, pero y si ya el gobierno cubano lo había reclamado al gobierno venezolano; no lo creo, pero eso sí, sería mejor no correr riesgos, por unos pocos dólares más le sacaríamos nueva documentación, después de todo, era factible y no costaba trabajo hacerlo. Sí, eso es lo que haría, desaparecería al señor Joaquín Riquelme para siempre, por supuesto primero consultaría con mis panas de inmigración.

Llegué a la Guaira en unos veinticinco minutos, se aligeró mucho el tráfico en la vía, claro, para esta zona no estaba lloviendo, aunque amenazaba hacerlo en unas pocas horas.

Alfredo me recibió con suma alegría, sabía que con mi presencia algún negocio andaba entre manos y la plata circulaba, me hizo pasar a una sala muy espaciosa e iluminada que tenía dos butacas forradas en piel, un sofá de iguales características, una mesita de centro de caoba, un revistero de hierro, una alfombra estilo persa, pero esta se notaba que era de esas que venden los buhoneros, estaba algo gastada por el uso frecuente, las ventanas estaban cerradas y cubiertas por unas cortinas de color verde oscuro, al fondo de la sala había un mueble de caoba también que soportaba un equipo de sonido en perfectas condiciones con sus dos bocinas a ambos lados del mismo, en el espacio central del mueble un televisor. Alfredo me indicó que me sentara en una de las butacas forradas en color verde también, y me dijo:

—¿En qué puedo serte útil, Emilio?

—Necesito sacar con urgencia a un cubano para los Estados Unidos, aunque eso sí, de forma directa —le dije.

—No hay problema, si está la plata, está todo —me dijo—, tú sabes cómo se maneja esto —agregó.

—Sí, lo sé —le dije.

—Déjame consultarte algo —hice una pausa y continué—, él llegó de Cuba con un pasaporte chimbo hace tan solo unos pocos días, un pasaporte venezolano, aunque muy bien confeccionado, ¿sería posible que saliera con ese mismo pasaporte?

—Sí, ¿por qué no?, y mucho mejor si es como me dices que está muy bien confeccionado, ¿no crees?

—Pero, y, ¿si Cuba lo reclamó al gobierno venezolano?, ¿no habría problemas? —le dije.

—No creo, además, recuerda que esa documentación se prepara solo para ser usada internamente, aquí en el aeropuerto venezolano por donde salga el pasajero, cuando logremos montarlo, por esta vía directa, recuerda que el pasajero o el cubano rompe el pasaporte en pleno vuelo antes de llegar y aterriza indocumentado, acogiéndose de inmediato en territorio americano a la Ley de Ajuste Cubano que le otorga el asilo de inmediato, ¿no es así mi amigo?

—Así es Alfredo —le dije—. Bueno, entonces vamos a seguir tus consejos, lo sacaremos con los documentos que posee y nada más.

—Sí, vale, no le pares a eso, el libro y la cédula solo la va a utilizar por unos minutos nada más, aerolínea, inmigración y aduana, ¡ah!, y dentro de Maiquetía, donde estamos nosotros chequeando, ¿qué va a pasar? —me dijo y me convenció.

—Bueno, y, ¿cuándo pudiéramos sacarlo entonces?

—El próximo sábado por American, saca el boleto aéreo para ese día, primer vuelo tempranito en la mañana —me dijo.

—Se mantiene la misma tarifa, ¿no es así?

—La misma para ti, ¿cuándo me entregas la plata?

—Cuando esté montado en el avión, se mantiene lo mismo para mí, ¿no es así?

—Claro, claro, así es —me dijo.

Tomé café, de ese que hacen los venezolanos medio aguado y que le llaman "guayoyo", o algo así, charlé un poco más sobre cosas fueras de contexto y me despedí hasta el próximo jueves que quedamos en vernos para ultimar detalles de la salida de Frank fijada para el sábado siguiente.

Con un fuerte apretón de manos descendí hasta la calle donde había estacionado mi carro. Agarré la vía de regreso, sentí el ruido de unos motores que eran de un avión que agarraba altura en ese momento; traté de verlo ascender, pero no estaba a mi alcance visual. Cuando ya me encontraba a la altura del aeropuerto, otro avión hacia lo mismo que el anterior por encima de la pista, ese si pude verlo por fracciones de segundo, un Boeing 727 de Aeropostal, quizás un vuelo nacional, pensé yo. Había comenzado a llover en la Guaira; aceleré el carro todo lo más que pude para evitar me agarrara el palo de agua en esa zona, atravesé los túneles Boquerón I y II, y en tan solo unos diez minutos ya estaba en el distribuidor la Araña, agarré la autopista en sentido Este, hasta que me conseguí con el aeropuerto de la Carlota, en donde crucé a la derecha saliéndome de la autopista; llegué en pocos minutos a mi casa, me duché, me cambié de ropa, y llamé de inmediato al señor Martínez, el cual al escucharme, me dijo:

—Ahora mismo lo iba a llamar.

—¿Le gustaría cenar con nosotros? —me preguntó.

—Con mucho gusto —le dije.

—Solo con una condición —me dijo.

—¿Cuál será? —le pregunté.

—Que escoja usted el restaurante y me dé la dirección, ¿puede ser?

—Sí, ¿por qué no?, mire, vamos a encontrarnos en el restaurante "La Estancia" —y le di la dirección.

—Nos vemos allí, si le parece bien a las nueve de la noche —me dijo.

—Allí estaré a esa hora —le dije y nos despedimos.

Como contaba con tiempo para la cita, me di el lujo de hacer algunas cosas en el apartamento, y con mi vida personal que había abandonado y estaban atrasadas, ¡hasta lavé!

Faltando tan solo una hora para llegar al sitio indicado para cenar, comencé a vestirme; en cuanto estuve listo, bajé al sótano y agarré mi carro; me sentía bien y feliz con mi viaje a Cuba, aunque había durado escasamente unos diez días, me había disminuido la nostalgia y se me había mejorado el carácter; obviamente llegué primero que ellos al sitio, me senté en una mesa apropiada para sostener una conversación privada y pedí una botella de vino tinto, ¡eso era lo que quería beber esa noche! El vino de una calidad extraordinaria, era un Merlot chileno, ¡lo disfruté!

Algo pasadas las nueve llegaron Frank y su tío, que desde que entraron me ubicaron y fueron a mi encuentro; los saludé efusivamente y les indiqué que se sentaran, justo al momento en que el mesonero apartaba la silla para acomodarlos.

—¿Se perdieron para llegar hasta aquí? —les pregunté.

—No, lo que pasó es que justo a la hora de salir recibí una llamada de los Estados Unidos, y al conocer que ya Frank estaba aquí en Venezuela quisieron hablar con él, dos horas de "pura muela", nostalgias migratorias, y eso nos retrasó —me dijo el señor Martínez.

—Bueno, ¿qué van a tomar? —les pregunté.

—Para mí, whisky, y para Frank, cerveza, él es cervecero —dijo el tío.

—¿Cómo pasaste estos días en familia? —le pregunté a Frank.

—Bien, muy bien, hablé hasta con la Habana —me dijo.

—¿Y qué se dice por allá por la isla?

—Nada, todos sorprendidos, y que te manden, quieren conocerte y que los saques a todos del infierno comunista —me dijo.

—¡Ah!, qué fama, mira, con eso hay que tener cuidado, y mucho —le dije, y agregué—, si algo te sale mal, y por ejemplo, tú sabes que en Cuba todo se sabe, pero no porque la seguridad sea infalible ni eficiente, sino porque la gente, como no tienen nada que hacer, todo lo hablan, y al final todo se descubre.

—Bueno, dime Emilio, ¿cuándo vas a mandar a mi sobrino para Miami?

—De eso quería hablarle, este sábado se va, tiene que comprarle el pasaje, y todo le sale en once mil dólares, ¿está de acuerdo?

—Lo estoy, ¿cuándo le entrego la plata? —me dijo el tío.

—Cuando usted quiera, menos ahora —le dije.

—Bueno, mañana recibo una transferencia de los Estados Unidos, así que pienso que en la tarde pueda hacerle entrega de todo el dinero —me dijo, y se calló de repente porque venía el camarero.

—OK, entréguemelo pasado mañana mejor, de igual forma que el anterior, en mi casa si le parece bien, ya que a partir de mañana Frank debe permanecer a mi lado hasta que se vaya, hay que entrenarlo y repasar algunas cosas —le dije.

—Bien, así será —me dijo el tío, con absoluta confianza.

—Yo no sé cuándo usted se quiere ir, señor Martínez, pero si desea puede reservar e irse con su sobrino en el mismo vuelo, ¿le gustaría la idea?

—No es mala la idea, pero debo quedarme un par de días más aquí en Venezuela —me dijo.

Estuvimos en el restaurante como hasta eso de la una de la madrugada, la pasamos excelentemente bien, y ni que hablar de Frank, que al final solo hablaba de quedarse en Venezuela, motivado por las mujeres venezolanas que estaban en "La Estancia".

Llegué al apartamento y me volví a duchar para calmar los efectos del Merlot, me sometí a una ducha bien caliente, y a otra fría, casi congelada, me reactivó los poros, me energizó de tal manera que me senté a esa hora en la sala a contemplar Caracas de noche (como si no la hubiera visto nunca). No me había dado cuenta de que tenía en el contestador unos mensajes; dudé si escucharlos o no, no quería complicar mi mente, pero la curiosidad pudo más que el deseo de no complicarme, así que accioné el contestador y escuché que Luis, de la oficina, me comunicaba que el señor Aguilar me había llamado en dos oportunidades durante la mañana, y que él le había dado mi celular para lograr establecer el contacto. Revisé mi celular y me di cuenta de que tenía también un mensaje, ¿sería del señor Aguilar?

Efectivamente, era de ese señor, la llamada no había caído y optó por dejarme el mensaje, de nuevo me dejó su número telefónico para que le devolviera la llamada. ¿Qué hacer?

Consulté el reloj, eran las dos y media de la madrugada del sábado, lo llamaría a primera hora de la mañana. Como se me había quitado el sueño por la ducha que había tomado, mi mente me transportó al recuerdo de otro de los casos que fue difícil a la hora de sacarlos para los Estados Unidos. Fue el caso de tres personas, dos menores de edad y su madre, que en uno de los intentos detectaron irregularidades; uno de los funcionarios de inmigración, que no estaba en la operación, inspeccionó los documentos de los chamos, y cuando se disponía a entregarlos a PTJ, llegó Alfredo y le dijo: "Para ti también hay plata, déjalos que pasen", pero no accedió, porque el supervisor los observaba, así que se abortó la operación y hubo que postergarla para otro día. Al final y en el segundo intento, Olivia y sus hijos menores se reunieron con su padre en Miami.

Mis meditaciones me recuperaron el sueño, exhorto en mis pensamientos, me fui a la cama, serían las cuatro de la madrugada, ya había hecho la digestión y bajado los efectos del vino.

Capítulo XII

A LA MAÑANA siguiente, alrededor de las diez de la mañana, llamé al número telefónico del señor Aguilar, demoraron en responder, pero al fin una voz de mujer agarró el teléfono:

—¡Aló!, ¿quién habla? —dijo.

—Necesito hablar con el señor Aguilar, habla Emilio desde Venezuela —le dije.

—Un segundo, no cuelgue —y escuché cómo se alejaba del aparato.

Pasaron unos cinco minutos de espera, y por la buena recepción de la comunicación, escuché cuando el señor Aguilar tomaba el auricular, y me decía:

—¡Aló! Habla el señor Aguilar.

—Señor Aguilar, le habla Emilio desde Venezuela, recibí sus mensajes que me dejó en el teléfono de la oficina, y por eso me estoy comunicando con usted —le dije.

—¡Qué alegría!, necesitaba sostener una conversación con usted, señor Emilio, claro que lo que me interesa obtener no puede ser tratado por esta vía —me dijo.

—Entonces, ¿qué podemos hacer para poder lograr su propósito y conversar? —le dije.

—Si a usted le parece bien, y aún puede lograr sacar del país a los necesitados, o mejor dicho a los cubanos, podemos encontrarnos en Caracas, digamos el miércoles de la próxima semana, si le parece bien —me dijo.

—Encantado de que así sea, lo espero el próximo miércoles, llámeme cuando llegue a Caracas —le dije.

—Allí estaré, sin falta —me dijo y colgó.

No le pregunté de parte de quién venía, por quién me había conocido, y sobre todo, sus intenciones migratorias, todo en suspenso hasta la próxima semana, ¡qué mierda!, la resaca o el "ratón", lo nublan todo, pensé.

A los pocos minutos, como si estuvieran esperando que terminara de conversar con el señor Aguilar, me llamaron por el intercomunicador anunciándome que el señor Martínez estaba en planta baja, le dije al de la seguridad que le marcara el ascensor.

—Hola, señor Martínez, ¿cómo amaneció hoy? —le dije al llegar a la puerta de mi apartamento.

—Muy bien, muy satisfecho de lo logrado hasta ahora —me dijo—, aquí le traje el dinero acordado y a mi sobrino para que ya se quede con usted y lo pueda preparar para el sábado.

—Bien, pero no tiene por qué irse tan precipitadamente, ¿no cree?

—Claro que no, podemos tomar un whisky aunque sea —me dijo—, para eliminar eso que los venezolanos le dicen "ratón", o resaca, ya son más de las once de la mañana, según los venezolanos ya podemos beber —dije.

—Para usted whisky, y, ¿para ti, Frank?

—Cerveza, tú sabes que eso es lo mío —me dijo.

—Ya lo sé —le dije—, pero da barriga, y sube la tensión.

—Aquí tiene, cuéntelo —me dijo, y sacando un fajo de billetes verdes, me los entregó—, ese es el viaje a los Estados Unidos.

A los pocos minutos le manifesté:

—Está completo —le dije.

Brindamos los tres por el éxito de la operación, nos comimos los pasapalos que había preparado y continuamos charlando de lo que había representado para nosotros, la emigración, al menos Fidel nos dio la posibilidad de viajar, de identificarnos con otras culturas con diferentes costumbres, y forjarnos en medios sociales distintos, muchos hasta hemos tenido familia en otros países, hijos, nietos que no conocen donde nacieron sus padres y abuelos. Sin embargo, muchos de ellos hablan con amor, con ternura de ese país (Cuba), lo recuerdan como si hubieran vivido en él, y hasta conocen sus costumbres, y lo bueno y lo malo del mismo, por supuesto.

Ni sé a qué hora se fue el señor Martínez, ni sé a qué hora tampoco se acostó mi amigo Frank, con una "juma", de las buenas. Recogí el apartamento, fregué, y me fui a la cama.

A la mañana siguiente, después de despertarme un poco tarde, a eso de las once, salí con mi alumno Frank, fuimos al centro, a extranjería, conoció la DIEX; le di un recorrido por la ciudad, y lo hicimos en el metro, quedó satisfecho.

Por último estuvimos en American Airlines y reservamos el pasaje del señor Joaquín Riquelme para el primer vuelo del sábado. Todo marchaba casi perfecto. Llegué con Frank a la casa a eso de las doce del mediodía, y en lo que preparamos algo de almorzar, nos agarró las dos de la tarde; a esa hora le dije a Frank que debía pasar por la oficina, así que lo dejé mirando la televisión y me marché al Centro Perú.

Desde que llegué Luis me interrogó si había hablado con el señor Aguilar, y qué quería, que él le había dado el celular para que yo saliera de ese problema y se supiera de una vez por todas, qué quería el señor Aguilar.

—Mira Luis, tú tenías razón, me quería para tramitar una salida del país, aunque te confieso que aún no hemos hablado de eso —le dije y agregué—, quedamos en reunirnos la próxima semana aquí en Caracas.

—Entonces, ¿viene de los Estados Unidos la próxima semana?

—Sí, Luis, el miércoles —le dije.

—Bueno, a lo mejor tienes que volver a Cuba y sacar a otro caso, ¿no crees?

—¡No voy más!, eso se puede hacer una vez, pero no dos, es muy arriesgado —le dije.

—Sí, es verdad, y no vale la pena —me dijo.

—Bueno, eso de que no vale la pena, lo discrepo, da plata Luis, y, de la que vale siempre, en dólares, ¿no crees?

Revisé mis mensajes, tenía solo unos pocos, me encontré otro del señor Aguilar, pero era atrasado, en definitiva, ya había hablado con él. Antes de marcharme le dije a Luis que estaría ausente por el resto de la semana; y así fue, me pasé el resto de la semana entrenando a Frank, que ya le importaba un bledo, si se iba o no, como él decía, si salí de Cuba, no me importa donde esté, además, este país es hermoso, me encanta, sobre todo sus mujeres, se había adaptado en poco tiempo al país.

El resto de la semana, aunque muy lento, le enseñé todo lo que pude a Frank, hasta parte del vocabulario que empleaban los venezolanos, en su jerga diaria, como era pana, chimbo, burda, mosca, etc. Aunque Frank asimilaba muy bien las clases que le impartí, quedaron muchas lagunas por cubrir, en tan poco espacio de tiempo. Llegó el viernes y el señor Martínez nos llamó por teléfono, alrededor de las cinco de la tarde nos invitaba a cenar, a modo de despedida, y como siempre, lo único que exigía era que escogiéramos nosotros el restaurante y le diéramos la dirección, y ¡así lo hicimos!

A modo de despedida nos fuimos a cenar a un sitio que quedaba en el Este, muy elegante, de comida internacional, aunque tenían especialidad en la comida venezolana también, al señor Martínez le encantó la idea cuando se la transmití, le di la dirección y quedamos en encontrarnos allí a las nueve de la noche. Le sugerí a Frank que se vistiera elegantemente, ya que el lugar lo requería, así lo hizo. A la hora indicada llegamos al restaurante, y al no ver que había llegado el señor Martínez, nos ubicamos en el bar a esperar que llegara, pedí un whisky y una cerveza como siempre para Frank, y aproveché el lugar y la tranquilidad para repasar algunos detalles de lo enseñado en el transcurso de la semana. A las nueve y treinta llegó el tío de Frank, elegantemente vestido, ¡impecable!, le hicimos señas cuando le vimos traspasar la puerta de entrada al restaurante; se dirigió a nosotros con paso lento excusándose por la demora, nos dijo que cuando ya estaba listo para salir, llegó a la casa un amigo que tuvo necesariamente que atender por la importancia de su visita.

El señor Martínez no estaba en su forma de ser, en su carácter, como otras veces, algo le preocupaba, estaba inquieto, distraído, le faltaba concentración, su mente no se encontraba en el restaurante, algo estaba pasando, pensé yo.

Se acercó el mesonero y el señor Martínez le ordenó un whisky a la roca. Le sirvieron el Chivas Regal, y me sorprendí lo rápido que se lo tomó, haciéndole señas de nuevo al mesonero que le trajera otro.

—¿En qué puedo ayudarlo, señor Martínez? —le pregunté a boca de jarro—, lo noto preocupado, ¿no es así?

—Con gusto se lo diría, pero no es conveniente en este momento —me dijo en voz muy baja, apenas inteligible.

No insistí, no era conveniente, pensé, algo había ocurrido en Cuba, de eso estaba casi seguro, no podía ser en otro lugar, y guardaba relación con la visita que lo había retrasado en llegar al restaurante. Disfrutamos de la velada, que servía de despedida a su sobrino, que, al día siguiente, y con buena luz y la gracia de Dios, viajaría a los Estados Unidos; toda la velada fue en tensión, ya al final Frank se levantó, y dijo:

—Con permiso, voy al baño.

—Dale, si tienes con qué —le dije en tono de broma.

En ese instante el señor Martínez se acercó aún más a mí, y me expresó:

—El señor que antes de venir para acá, estuvo en mi casa, me trajo la noticia que la seguridad cubana había estado en la casa de Frank, allá en la Habana, al principio de esta semana, le practicaron un allanamiento y le vaciaron la casa, y a un primo que estaba de visita allí, lo detuvieron, aún lo tienen en Villa Maristas (en la sede central de la seguridad del Estado), no he querido comentarlo delante de Frank por no alterarlo y estropear su salida hacia Miami, ¿me entendió señor Emilio?

—Por supuesto que sí, y es mejor así, no le diga nada, se lo agradezco, Frank es muy nervioso y susceptible, y eso lo puede afectar y joderse el viaje de mañana —le dije.

—Sí, lo supuse y lo valoré, que se entere cuando aterrice en los Estados Unidos —me dijo y agregó—, allí se recuperará.

En ese momento, Frank regresaba del baño secándose las manos, y al vernos las caras, nos preguntó:

—¿De qué estaban hablando en mi ausencia?

—De Cuba y su revolución comunista —le dije.

—Pero no se cansan de hablar de lo mismo —nos dijo.

Le hice señas al mesonero y le indiqué me trajera la cuenta, había que acostarse temprano. Nos despedimos en la puerta del restaurante con un fuerte apretón de manos.

A las seis de la mañana levanté a Frank, y después de desayunar algo, salimos rumbo al aeropuerto; el amanecer caraqueño de ese día era extraordinario, los primeros rayos del sol nos sorprendieron a la altura del Rosal, la temperatura ese día era de 23 grados. A esa hora apenas circulaban vehículos por la autopista, o sea que el desplazamiento era ligero, y en tan solo unos pocos minutos, nos desviábamos por la autopista que conduce hacia el aeropuerto, la cual estaba igual de vacía, solo los camiones que reparten la prensa y algunas gandolas circulaban a esa hora de la mañana. En silencio hicimos casi todo el recorrido, quizás por la preocupación de Frank, con su nuevo viaje, o quizás porque le había llegado alguna señal o intuición de lo que había ocurrido con su familia en Cuba. Lo cierto es que lo notaba muy extraño, pero a diferencia de cuando salió de la Habana, no estaba nervioso, no sudaba, su rostro no se había desfigurado, como aquellos instantes en que se presentó delante del funcionario de inmigración en el aeropuerto de mi isla Zozobra.

Después de atravesar los túneles Boquerón, Frank rompió el silencio, y en voz muy baja me dijo:

—Emilio, si me agarran o me devuelven de Miami, tus "panas", ¿me sacan de la prisión?

—Claro que sí, no lo dudes, no te va a ocurrir nada de eso que me dices, además yo voy a estar todo el tiempo en el aeropuerto, prácticamente a tu lado, hasta que ya tú hayas despegado y el vuelo esté una hora en el aire, ¿OK?

—Si me viran no me importa, ya te dije, a mí gusta este país, y si tengo que quedarme, lo haría con deseos, hasta que creo que me beneficiaría empezar una nueva vida aquí, ¿entendiste? —me dijo con sentimiento.

—No va a ser así, en tres horas ya estarás en Miami, dalo por hecho, no jodas más con eso mi "socio", ¿no crees? —le dije.

No me dijo nada más, todo lo expresó con la mirada, realmente estaba preocupado. Llegamos en media hora, estacioné el carro en el aeropuerto internacional, y con los bolsos en la mano nos paramos justo frente por frente al *counter* de American Airlines a esperar por Alfredo, que de acuerdo con la hora de la cita, faltaban diez minutos para encontrarnos; sentí frío, el aire acondicionado del aeropuerto estaba bien alto, y yo andaba con una camisa de tela muy ligera y fina, de esas que se usan en el trópico en mi tierra.

—¿Qué te parece si tomamos café en lo que llega mi pana? —le dije.

—Yo no quiero, pero vamos, te acompaño, así me distraigo; a propósito, Emilio, ¿hay algún problema con mi tío? —me preguntó de una vez.

—No que yo sepa —le dije—. ¿Por qué me lo preguntas?

—Anoche no era mi tío, era otro; o tiene algún problema de salud, quizás le falta una mujer, o le ha ocurrido algo que no quiso decirme anoche, de eso estoy seguro, ¿no crees tú?

—Puede ser, pero no me dijo nada, así que sácate eso de la cabeza, que debes concentrarte en tu vuelo, ¿entendiste?

—Sí, está bien, pero solo comentaba contigo mi inquietud, ¿no puedo hacerlo?

—Claro que si puedes, pero te agradezco que ahora dejes eso, ¿OK?

Hizo silencio, pero no de muy buena gana, se le notaba contrariado, preocupado por su tío, tenía muchas cosas en su cabeza, y no conseguía respuestas para ellas, al menos en ese momento. En Miami ya se enteraría de todo lo ocurrido con su familia, pero ya estaba en su destino final, ya no importaba que le afectara y se enterara.

Regresamos por el mismo camino hasta el *counter* de American Airlines, donde debíamos esperar por mi amigo Alfredo, el cual al vernos llegar nos hizo señas que lo siguiéramos; al reunirnos con él, en uno de los mostradores de la aerolínea, nos pidió el pasaje y el pasaporte de Frank, los chequeó por encima, y nos dijo:

—El libro es de muy buena calidad, ¿lo hizo Carlitos?

—Sí, por supuesto —le dije.

—Bien —hizo una pausa y le indicó a Frank con qué empleado de la línea debía chequear la documentación, y agregó—, chequea en diez minutos, ¿OK?

—Sí, entendido —le dijo mi amigo.

A los diez minutos, según lo acordado, Frank se incorporó a la fila de chequeo del mostrador, yo aproveché y me alejé unos veinte metros de allí, y me puse a ver la pizarra de salida de los vuelos internacionales, Madrid, Panamá, Miami, etc. Los choferes de taxi que trataban de obtener pasajeros a esa hora de la mañana, una que otra parejita que aprovechaban un rincón para despedirse, ¡se besaban!; el ir y venir de los funcionarios aeroportuarios en su quehacer diario, ¡en fin!, entretenían mi mente, esperando el desenlace del primer chequeo, que aunque estaba arreglado, pudieran surgir inconvenientes, tales como que llegara un supervisor de las FAA, la DEA, etc.

¡Dejé de sudar!, todo había salido bien hasta ahora; Frank con su bolso de mano agarró por el pasillo que conducía a los mostradores de inmigración, después de su chequeo de la aerolínea, precisamente donde estaba Alfredo y hasta donde la vista me alcanzaba, lo vi pasar su bolso por los detectores de rayos X, después desapareció de mi vista y traté de ubicarlo varias veces, a través de los cristales que nos separaban, pero me fue imposible, aquello estaba atestado de pasajeros a esa hora de la mañana. Me fui al cafetín de Los Altos e hice el intento de desayunar, aunque fuera un jugo, me ubiqué en una de sus mesas, quise descansar, y desde donde podía observar la pista, desde su inicio, era todo lo que podía hacer por el momento, ¡esperar y observar!, ¡desear y rezar!, ¡y recé! Y me di cuenta del tiempo que hacía que no rezaba, ya ni me acordaba de la letra.

Saboreando el jugo de naranja natural que le había pedido al mesonero, sonó mi teléfono celular, era Alfredo:

—¿Dónde andas "cubiche"?

—En el cafetín de Los Altos —le dije.

—De donde estás, ¿puedes ver la pista? —me dijo.

—Sí, perfectamente, ¡la veo! —le dije.

—Ves el American Airlines que está ahora en la cabeza de la pista.

—Sí, lo veo, ¿por qué?

—Ahí va el señor Joaquín Riquelme, dile adiós "cubiche", y págame mi plata, te aprecio —me dijo eufórico Alfredo.

—Bueno, ya no hay retorno, ¿verdad? —dije.

—Ni para coger impulso —me dijo y agregó—, ¿trajiste los reales?

—Sí, están en el carro, no jodas más con eso mi "pana" —le dije.

—Bien, en una hora nos vemos allí mismo donde tú estás, ¿OK?

—De acuerdo —le dije—, nos vemos en una hora —y colgué.

Mi amigo Alfredo debía esperar si el vuelo regresaba o no, eran métodos de la aviación, de las leyes de la aviación de la línea aérea.

No tenía nada que hacer hasta dentro de una hora, así que me detuve a observar, con detenimiento y satisfacción, todos los movimientos de la aeronave de American, antes de despegar, ¡lo logró Frank! Ya era americano —dije y sonreí.

Cuando el avión despegó y alcanzó la altura autorizada, agarré el teléfono y llamé al señor Martínez; le di la agradable noticia de que su sobrino ya estaba en el aire rumbo a los Estados Unidos, y le expliqué las leyes de la aviación que regulaban los embarques, las distancias, los despegues y los aterrizajes.

—Gracias, señor Emilio, mil gracias y que Dios se lo pague en salud —me dijo muy emocionado, y agregó—: he logrado reunir con Frank a la mayor parte de la familia, llámeme en cuanto llegue a su casa, celebraremos juntos esta noche y en ese brindis usted estará presente, se lo aseguro —me dijo y colgamos.

A la hora exacta, como habíamos acordado Alfredo y yo nos reunimos en el cafetín, le entregué la plata acordada, ya sabía que el vuelo estaba en el aire hacía más de una hora, y le hablé de una próxima salida en un mes aproximadamente. Por supuesto se puso de lo más contento con mi anuncio.

Me demoré muy poco conversando con Alfredo en el cafetín, y de ahí salí con el propósito de pasar por la oficina, y ver que había pendiente en cuanto a los negocios de bienes y raíces que llevábamos en conjunto; el tránsito en la autopista estaba insoportable, ¡pero transitable!, se avanzaba muy lento, lo cual me demoró dos horas en poder llegar a Chacao, que era donde estaba mi oficina; ¡pero llegué!, y allí como siempre estaba mi amigo Luis y nuestra secretaria.

—¿Qué pasa, Luis?, no te veo muy bien que digamos, te dejaron las novias —le dije.

—No jodas, Emilio, lo que pasa que no acaba de cuajar un negocio millonario, y ya sabes, es fin de semana y no hay plata —me dijo.

—Entonces, hoy no vamos a jugar caballos —le dije.

—Algo aparece de aquí a la tarde —me dijo.

—¿Qué hay de nuevo? —le pregunté.

—Vino ayer un señor que dijo trabajar en la embajada cubana, quería hablar contigo, le dije que viniera el lunes en la tarde, ¡ah!, y le di tu celular.

—Qué raro está eso, yo no tengo ninguna amistad con personal de la embajada cubana, eso sí es extraño —le dije a Luis—¿No dijo para qué quiere hablar conmigo?

—No, y se marchó de inmediato sin mucho hablar, y reafirmó que regresaría el lunes en la tarde —me dijo.

—Bueno, ya veremos que quiere, pero es extraño, ¿no crees?

—Sí, eso pienso —me dijo Luis, frotándose la barbilla.

Revisé mis mensajes, me di cuenta de que los mismos estaban disminuyendo, y era lógico, apenas paraba en la oficina, estaba hecho un agente migratorio nada más, y no le dedicaba tiempo a mis asuntos de renta y venta de inmuebles, bienes y raíces, que no podía descuidar, me habían producido en muy corto tiempo beneficios económicos que mejoraron mi calidad de vida. Decidí entonces, y tenía que hacerme el firme propósito, de reanudar mis labores a partir del lunes, y sin interrupción, o me moriría de hambre en el próximo mes. Recordé además que el miércoles próximo llegaba el señor Aguilar de los Estados Unidos, así que ya por lo pronto ese día no trabajaría, y los sucesivos tampoco.

Ya casi me iba a marchar cuando se me ocurrió decirle e invitarle a Luis:

—Epa, Luis, vamos a sentarnos en la tasca y tomarnos unos tragos, ¿qué te parece?

—Sí, qué carajo, cualquiera que venga, que nos vaya a buscar a la tasca —me dijo, y de una vez salimos para allá.

Al menos a mí me hacía falta despejarme y tomarme unos tragos, la tensión de esos días me había estresado y el whisky me la controló bastante, allí estuvimos un par de horas, o algo más, hasta que me acordé que, al llegar a la casa, debía llamar al señor Martínez. La noche vaticinaba rumba, sin lugar a dudas. Me despedí de Luis, lo dejé inspirado en la tasca, y de una vez me fui a la casa. Llegué en unos veinte minutos, sin dificultad en el tránsito, me duché y caí en la cama que apenas me enteré de cuando me dormí. Solo dos horas estuve durmiendo, hasta que mi subconsciente me indicó que tenía el compromiso de llamar al señor Martínez, fue un despertar brusco, no pude conciliar más el sueño, me levanté, consulté el reloj y realicé la llamada; ¡y contestó!

—Buenas noches, ¿cómo está usted? —le dije reconociéndole la voz.

—Muy bien, gracias a Dios, no me diga que llegó ahora del aeropuerto —me dijo.

—No, ya hace un buen rato, pero me quedé dormido después que me duché —le dije.

—Al menos descansó, ¿no es así?

—Sí, unas dos horas, pero me recuperé —le dije.

—¿Qué le parece si nos vamos esta noche para una discoteca? —me preguntó.

—Excelente idea —le dije—, eso sí, ya sé, escojo yo la discoteca, le doy la dirección y lo espero allí, ¿no es así?

—Así mismo —y se rio de lo que le había dicho.

Le di el nombre de la discoteca y la dirección, y le dije:

—A las nueve en el bar, ¿OK?

—Allí nos vemos —me dijo y colgó.

Llegué a la discoteca diez minutos pasadas las nueve de la noche, de luna llena, hermosa noche, sobre todo para los roedores, que según mi abuela, era la noche en que se reproducían, o parían, nunca he llegado a comprobar esto. El portero bien uniformado, me recibió cuando me bajé del taxi que me condujo al lugar, me hizo pasar al interior, donde desde que se abrió la puerta se hizo sentir la música estridente del interior del local, a esa hora había bastantes mesas ocupadas, quizás por ser fin de semana. No ocupé ninguna de las vacías, me fui derecho al bar todo forrado de espejos, y donde pude darme cuenta de que había olvidado afeitarme; me notaba un poco demacrado, más flaco, sin embargo, mi estado de ánimo y mi vitalidad se mantenían de forma excelente. Tuve la impresión que como el *bartender* me veía que estaba ensimismado en mis pensamientos, no me preguntó que iba a tomar, así permanecí un buen rato, abstraído, y mi mente como que se iba acondicionando a un nuevo estatus, se acomodó a la espera de mi invitado; ¡llegó Martínez!; al contrario, por lo complicado que le resultó agarrar un taxi, lo vi detallando el escenario, los espejos, la pista de baile, y sobre todo a las chicas que en las mesas alrededor de la pista se encontraban mostrando sus cuerpos esbeltos y sus firmes carnes eróticas; el *barman* se acercó al ver sentarse a mi amigo.

—¿Qué desean tomar? —nos dijo.

—Dos whiskies, etiqueta negra —dijimos casi al unísono.

—Te noto cansado —me dijo el señor Martínez.

—Sí, lo estoy, el estrés acumulado me está saliendo ahora, que Frank logró salir de Cuba y pudimos enviarlo para Miami —le dije—, a propósito, ¿no te ha llamado? —le pregunté.

—No, aún no, quizás lo haga esta noche —me dijo.

—Es lo más seguro —dije.

—¿Qué te parece si ocupamos esas mesas al lado de la pista? —le dije.

—Vamos, aprovechemos ahora antes que se llene el local —dijo.

Nos dieron las tres de la mañana en la discoteca, disfrutamos de los shows de madrugada, que eran mejores, y con mejores mujeres, con sus senos al aire y sus movimientos provocativos, el tío disfrutó de lo lindo y me confesó que en Miami él era adicto al GO–GO, a estos espectáculos nocturnos.

—Desde que llegue a Miami, me voy a llevar a mi sobrino para que vacile las discotecas de la Capital del Sol —me dijo como saboreando la vaciladera de antemano.

Llegué en un taxi un poco después de las cuatro, y sin mucho pensarlo me acosté con ropa y todo, puse una película en la TV y me dormí sin saber de qué se trataba.

Al día siguiente, al levantarme, el teléfono me indicaba que tenía un mensaje, era del señor Martínez, había regresado a los Estados Unidos, en el primer vuelo de la mañana.

Capítulo XIII

EL LUNES EN la tarde se presentó en la oficina el funcionario de la embajada cubana, un poco más tarde de la hora en que el mismo se había fijado que estaría allí, quien primero lo recibió fue mi amigo Luis, el cual le dijo:

—Siéntese, que voy a ver si el señor Emilio, que lo estaba esperando, lo puede atender ahorita.

—Emilio, ahí está el funcionario de la embajada cubana, el que yo te dije el viernes que vendría, hoy lunes, ¿te acuerdas?

—Sí, Luis, espérate diez minutos y hazlo pasar —le dije—, voy a recoger un poco el escritorio, además, para que empiece a estar husmeando, y tratando de descifrarlo todo, ¿no crees viejo zorro?

—Así es mi amigo, te lo paso en diez minutos —me dijo y cerró la puerta.

Sabía de qué iba a tratar la reunión, el caso Frank ya empezaba a sonar en Cuba, y hasta aquí también, se le había escapado a la infalible seguridad estatal, en su propio terreno, de sus propias manos, se filtraba el éxito que había tenido la operación, y otros pudieran intentar imitarlo, y ellos sabían que eran débiles, frágiles, violables, el mito pudiera empezar a derrumbarse, o al menos se le abriría una herida imposible de cerrar. Quizás hasta quieran presionarme con el nuevo gobierno venezolano, con sus autoridades, y sus aparatos represivos, todos conocíamos el acercamiento que este régimen tenía con el régimen de la Habana, y los privilegios que gozaban los funcionarios cubanos adscriptos a la embajada; se movían libremente, sin restricciones.

—Buenas tardes, señor Emilio, mucho gusto, mi nombre es Efraín —me dijo.

—Soy el vicecónsul de la Embajada Cubana, y me gustaría poder sostener una conversación, que pretendo no sea muy larga con usted, ¿está de acuerdo? —me preguntó.

—Con gusto, siéntese, ¿en qué puedo ayudarlo? —le dije.

—Mire, tengo entendido que hace poco usted viajó a la Habana, ¿no es así?

—En efecto, así es —le dije.

—Estuvo aproximadamente unos diez días en casa de un conocido suyo nombrado Enrique, ¿estoy en lo cierto?

—Sí, en su casa que queda en el Municipio Plaza, cerca de donde yo vivía antes de abandonar Cuba —le dije.

—Con usted viajó para acá de regreso, un señor de unos cincuenta años, de nombre Frank, que al parecer tenía cierta amistad con usted, aunque en realidad, nunca se le vio en su compañía durante su estancia en la isla, más bien esa amistad solo se le manifestó en el momento de regresar a este país, que lo hicieron juntos desde el aeropuerto, ¿es correcto?

—Mire, señor, ¿cómo me dijo que se llamaba?, o, ¿no me lo ha dicho?

—Mi nombre es Efraín, no se lo dije, le dije solo mi cargo en la embajada.

—Bueno, como le decía, señor Efraín, no conozco a ningún señor que se nombre Frank, es más, creo que en mi lista de amistades no figura un nombre como ese —le dije—. Así que creo no poder ayudarlo al respecto, al menos hasta ahora.

—¿Y no le es familiar el nombre de Joaquín, Joaquín Riquelme? —me preguntó.

—Ese si lo recuerdo perfectamente, y si vine en su compañía, en el avión desde Cuba, ¿ha habido algún problema con él?, ¿en qué yo pueda ayudarlo? —le dije.

—Este señor Riquelme, mi querido amigo, viajó con pasaporte falso venezolano, y creemos, aunque no podemos confirmarlo, que usted tuvo mucho que ver con eso, es muy coincidente que...

—Mire, señor vicecónsul, no le permito que venga a mi oficina a acusarme de algo, de lo cual ustedes no están seguros, ¿cómo se les ocurre pensar semejante cosa? —les dije irritado.

—No se altere, señor Emilio, no es para tanto, además lo único que pretendemos es que usted nos ayude a encontrar a este señor Riquelme. Este sujeto tiene asuntos pendientes en nuestro país, deudas con el estado cubano que debe pagar, ¿entiende?

—No mucho, pero le diré que no sé dónde poder encontrarlo, su teléfono si lo tengo anotado, pero no su dirección, si quiere se lo facilito —le dije.

—Por favor, se lo agradecería enormemente —me dijo.

Busqué en mis contactos telefónicos uno por uno, y le facilité el número del celular de un amigo mío, que ya no estaba en el país.

—Señor Emilio, ¿usted está seguro que no tiene la dirección de Frank?

—Ya le dije que solo conocí al señor Joaquín durante el viaje de regreso, La Habana–Caracas, y es todo, no insista, se lo agradezco.

—Esperemos que así sea, de lo contrario, se vería involucrado en una situación muy penosa que podría traerle ciertos trastornos y perjuicios, que lo perjudicarían seriamente —me dijo en tono amenazante.

—Mire señor Efraín, me parece que ya le he soportado más de lo debido, no me amenace, ya le dije que nada tengo que ver con ese señor Frank, Joaquín o Riquelme, como se llame —le dije y me paré como para indicarle que se había terminado la entrevista.

—Gracias por todo, y ya nos volveremos a ver —me dijo.

Cuando se marchó me recosté todo lo que pude en mi silla ejecutiva, puse la mente en blanco y respiré profundo, esperando que viniera Luis a indagar para qué me quería el susodicho funcionario cubano; efectivamente, en pocos minutos Luis abrió la puerta y se sentó frente a mí.

—Bueno, y entonces, ¿para qué te quería el cubanito?

—¿Qué crees? —le dije, y agregué—: El viajecito a Cuba les ha dolido y los tiene preocupados, y de qué manera para que se hubieran decidido a visitarme, lo cual quiere decir que no tienen ninguna pista sólida. Vino a amenazarme, a intimidarme, es lo único que ellos saben hacer para lograr arrancar información.

—Así es, tú tienes razón, ellos viven del terror —me dijo Luis.

—Ahora lo que tengo es que tener mucho cuidado en la calle, no vaya a ser que quieran lincharme en este país, y paguen para eso a cualquier malandro, tú sabes que ellos son capaces de eso y mucho más, ¿estás de acuerdo?

—Y tienen plata para pagarle a un malandro que te asesine —me dijo Luis con un tonito de preocupación.

Al día siguiente no pasé por la oficina, me quedé todo el tiempo en la casa; ya en la noche sonó el teléfono, y al contestarlo escuché la voz de Frank que me dijo:

—Hola, señor Emilio, era mi deber llamarlo para comunicarle que felizmente ya estoy reunido con mi familia aquí en Miami, incluso con mi tío que llegó ayer en la mañana, sin esperarlo, ¿cómo está todo por allá?

—Muy bien, gracias a Dios, me alegro infinitamente que todo haya salido muy bien —le dije.

—Nos mantenemos en contacto, le vuelvo a llamar, siempre le estaré muy agradecido —me dijo y nos despedimos.

Esa noche y no sé por qué dormí más de lo acostumbrado, me rehusaba a levantarme, daba vueltas y vueltas en la cama, encendí la TV, hice café para espabilarme, no lo conseguí, pero el destino y las señales de la vida tienen su significado y hay que escuchar y atender a esas señales, nos preparan el camino y nos orientan por donde debemos caminar, qué debemos hacer, y cómo nos debemos conducir.

El programa televisivo mostraba en pantalla, en la parte superior derecha, un reloj digital, eran las nueve y diez minutos de la mañana; la mañana, fría y nublada, amenazaba con llover, nubes negras ocultaban el sol, las luces de la autopista estaban encendidas, la oscuridad presagiaba que contaríamos con lluvia en las próximas horas; la brisa húmeda se coló por una de mis ventanas de la habitación, me invitaba a dormir, a reanudar mi sueño, las sábanas frías me impedían levantarme, solo el teléfono me sacó de mi letargo.

—¡Aló!, ¡sí!, ¿quién habla? —dije.

—Le habla el señor Aguilar, acabo de llegar, estoy en Maiquetía
—me dijo—. Voy saliendo para el hotel, el Caracas Hilton, ¿qué le
parece si cenamos esta noche?

—Excelente, ¿dónde?, ¿en el propio hotel? —le pregunté.

—Sí, pienso que es mejor en el mismo hotel —me dijo.

—Si le parece bien, a las nueve estoy en el lobby —le dije.

—Perfecto, nos juntamos a las nueve —me dijo y nos
despedimos.

El resto del día lo pasé ordenando no solo mis ideas, sino mi
apartamento también, e imaginando cuál sería el trabajo y lo que
había que lograr para mi nuevo cliente, el señor Aguilar. Esta noche
lo sabría, sin lugar a dudas. Como en realidad no tenía ningunos
deseos de concurrir a la oficina, decidí irme a hacer mercado en la
mañana. Regresé a eso de las tres de la tarde, decidí prepararme algo
de comer ligero y me preparé un whisky, el cual me fui a disfrutar
en mi lugar favorito de la casa, mi ventanal con vista al Ávila, y a mi
querida Caracas.

Llegó la hora de comenzar a acicalarme, me duché, y me puse
a escoger que ropa me pondría para la cena, decidí ponerme un
traje oscuro con una camisa de color azul cielo, corbata azul oscura
en contraste con mi traje y camisa. A las ocho y treinta salía por la
puerta de mi estacionamiento rumbo al Caracas Hilton. Llegué al
lobby justo a las nueve de la noche, como habíamos quedado el señor
Aguilar y yo; frente por frente a la recepción, en unos asientos muy
cómodos, estaba sentado un señor de unos sesenta y tantos años, pelo
negro, complexión atlética, traje de color gris oscuro, bien cortado,
de sastre, el cual al verme llegar de inmediato se incorporó, y con un
gesto de cortesía se me acercó, al mismo tiempo que me preguntaba:

—¿Es usted el señor Emilio?

—Señor Aguilar, un placer conocerlo —le dije—. ¿Qué tal de
viaje? —le expresé.

—Muy bien, me pareció mucho más cerca de lo que me lo había
imaginado, es la primera vez que estoy aquí en Venezuela —me dijo.

—¿Y hasta ahora le ha gustado lo que ha visto? —le pregunté, al
mismo tiempo que caminábamos rumbo al restaurante.

—Sí, hasta ahora sí, me gusta el país, claro, con la excepción de esos barrios que aquí le llaman ranchos, ¿no es así?

—Así mismo, los ranchos —le dije.

El maitre nos ubicó, según lo solicitamos en una mesa lo más discreta posible, justo debajo de una de las salidas del aire acondicionado del local, ¡qué agradable temperatura! Pedimos algo de beber, para mí, vino, y para el señor Aguilar, whisky.

—Tome la decisión de venir a verle personalmente, ya que considero que el asunto que me trae es sumamente delicado y difícil de resolver —hizo una pausa, y continuó—, no sé, alguien en Miami me dijo: "Vete a ver a ese señor, que él puede resolver tu caso", y por eso estoy aquí, espero sepa comprender que en realidad no poseo el nombre de la persona que me lo recomendó, aunque si puedo describírselo, no lo he vuelto a ver, debe creerme. Sé cuál es su preocupación de aceptar un caso que lo que trate es de perjudicarlo de alguna forma, desde el punto de vista social, pero...

Lo interrumpí de forma brusca, y quizás no debida, pero ya estaba ansioso de ir al grano, no me gustaban los rodeos, y en el peor de los casos, las mentiras piadosas, como esta parecía ser, así que le dije:

—Mire, señor Aguilar, ya no me importa de parte de quién usted viene, si lo supiera, sería mejor, pero no lo sabe, así que obviémoslo, ¿no cree?

—Si lo prefiere, podemos pasar a conocer el caso, ¿le parece bien? —me dijo algo consternado por mi respuesta.

—Sí, es mejor que conozcamos el caso primero, a lo mejor no puedo solucionarlo —le dije.

—Pienso que, si puede solucionarlo, la paga es todo lo buena que pudiera pensar, no escatime en recursos, ni en gastos —me dijo.

—¿De qué se trata? —le pregunté.

—Señor Emilio, yo salí de Cuba, de nuestro país, rumbo a los Estados Unidos, en específico a la ciudad de Miami, como la mayoría de los cubanos; antes de salir, le expresé a la que entonces era mi esposa, mi conformidad de que ella y nuestro único hijo me acompañaran en ese viaje; la negativa fue rotunda, los argumentos fueron muchos también, entre ellos había hasta de índole ideológica, familiar, social, etc. La familia de mi esposa, en aquel entonces, simpatizaba con la revolución y no apoyaba nada que fuera en contra de la misma, y como usted sabe, quien pretendía abandonar el país, ¡era un desafecto al régimen!; por mis opiniones y manifestaciones públicas, me quedé sin trabajo, o comulgaba con el régimen, o me largaba, solo tenía estas dos posibilidades, no existía una tercera. Así que tomando esto en consideración y agudizándose mi crisis económica y financiera, abandoné el hogar, y a mi hijo, que ya tenía dos años de nacido; me fui del país de forma clandestina en una embarcación por la costa norte de la provincia de la Habana. En esa fecha resultó mucho más fácil de lo que hoy en día puede hacerse; pero lo cierto es que abandoné a mi familia, a mi hijo de tan solo dos años, con la esperanza de que con mi ausencia, y la lejanía, lograra convencerlos de que se unieran conmigo en los Estados Unidos; ¡no fue así!-hizo una pausa, más larga de lo normal. Al principio me escribían, aunque con mucha frialdad, pero llegó el día en que dejaron de hacerlo, hasta se mudaron, no sé si para no darme la nueva dirección, o porque con la mudada se beneficiaron. Lo cierto es que perdí todo tipo de comunicación con ellos, con mis seres queridos; con la esperanza de que Fidel algún día se muriera, o se cayera, lo cual en el exilio nos hacía contar día a día la fecha que nos imaginábamos que ya Cuba iba a ser libre, fueron pasando los años, sumidos en la soledad de vivir en otra tierra, y no poder reunirnos con nuestros seres queridos.

Lo interrumpí y le dije:

—Señor Aguilar, ¿nunca más tuvo usted comunicación con su familia?

—Nunca más, hasta que hace unos meses un amigo íntimo, de esos que aún me quedan en la tierra, consiguió mi teléfono y me llamó, dándome la no tan nueva ya, dirección de mi hijo y esposa, así como su teléfono, expresándome que ellos estaban en una situación muy crítica, aunque mi hijo se había hecho un profesional, ¡era médico!, pero no vivían bien, la revolución lo había arrasado todo. Me sentí conmovido con aquella llamada, me cayó un pesar muy grande, me sentí culpable de lo que le ocurría a mi familia, responsable, ¡sí!, esa era la palabra adecuada, y nunca más he vuelto a tener paz en mi mente, en mi alma, quiero reparar de alguna forma el daño que le pude haber causado a mi hijo, quiero compensar esos momentos de soledad paternal que tanto debían haberle afectado, quiero abrazarlo, decirle que lo amo, que nunca dejé de hacerlo, pero que la vida nos jugó una mala pasada, que nos separó, pero que aún conservamos la vida, porque aún no hemos cumplido con todo lo que vinimos a hacer, y no podemos marcharnos así como así. Quiero que usted me ayude a encontrar mi propio destino final, quiero que me ayude a reparar el daño que hice y me devuelva a mi hijo y esposa —unas lágrimas brotaron de sus ojos al finalizar.

No sabía qué decir, me sentía conmovido, eran tantas y tantas las historias similares que había escuchado, tanto en mi tierra, como en el exilio, que me quedé sin argumentos, hasta que me decidí y le dije:

—Señor Aguilar, y, ¿qué usted pretende que yo haga?

—Mire señor Emilio, aún no concluyo la historia —hizo una pausa y continuó—, mi hijo, cuyo nombre es Alejandro, doctor Alejandro Aguilar, se apuntó en una de esas misiones, o fue elegido para venir a este país como médico de Barrio Adentro, me imagino que a los ranchos esos que vi cuando me vine del aeropuerto, y ¡está aquí! Aquí tengo la dirección exacta y su número de teléfono; ¿qué quiero de usted?; que se acerque a mi muchacho, que vea en qué condiciones está viviendo en este país, que se hagan amigos, que logre penetrar en lo más hondo de su personalidad, que se gane su confianza, y hasta lo guíe y lo proteja de ser necesario, y que al final, logre nuestro encuentro, nuestra unión final, no puedo irme de este mundo con ese karma que llevo dentro de mí, es más fuerte que yo, y quiero depositar toda mi confianza en usted y darle todo mi apoyo para que esto tenga un final feliz, ¿me comprende?

—Creo comprenderlo, además, de hecho, estoy sensibilizado con su problema, que es el de muchos cubanos que han sufrido las injusticias del régimen comunista que nos oprime por tantos años —hice una pausa, y agregué—. Mire, le diré qué vamos a hacer, pero primero quiero preguntarle si la unión usted quiere que se logre en donde usted vive, ¿no es así?, en Miami.

—Por supuesto, no quiero que regrese a la miseria en que vive, incluso, aunque ya se haya perdido el amor, quiero que su madre también comparta mi techo, mi vida, yo soy un hombre solo, sumido en mis pensamientos de recuerdos y deseos reprimidos por no poder regresar a mi país querido, no quise contraer nuevas relaciones amorosas, ¡con nadie!, me alejé de la carne, de las aventuras, de los encuentros emocionales que pudieran engendrar una relación sería futura; siempre mi objetivo fue este, poder darle a mi hijo, a mi única familia, lo que he logrado alejado por tantos años de ella. No sé si me comprende, ¡pero es así! Tengo dinero, lo suficiente como para que mi familia no trabaje más por el resto de su vida, pero no tengo su amor, no vi crecer a mi hijo, no disfruté de su alegría cuando se graduó de bachiller, o cuando se graduó de médico, no estuve allí, no sentí su alegría, no lo vi en su primer día, con su bata blanca rumbo al hospital, ¡quiero verlo!, ¡disfrutarlo!, aunque en espacios y tiempos diferentes, ¡pero disfrutarlo!, ¿lo hará? —me preguntó.

—Ya le dije señor Aguilar, déjeme palpar el caso, verlo de cerca, tocarlo con estas manos, conocer a su hijo, que pienso esté aquí en Caracas, en uno de esos barrios marginales y peligrosos, y le contesto en una semana, ¿puede esperar?

—Sí, señor, aquí tiene la dirección y su teléfono, le voy a entregar mil dólares para lo que pueda necesitar, ¿está bien?

—Sí, señor, veré lo que puedo hacer, deme el número de su habitación y el próximo martes en la tarde lo estoy llamando, ¡ah!, y por favor, no haga ningún contacto con su hijo hasta que yo no le avise, ¿entendido?

—Como usted diga, así lo haré —me dijo y con un abrazo nos despedimos esa noche.

Llegué tarde en la noche, de ahí me fui a un bar cercano a mi residencial, medité todo lo que pude, me afligí, me sentí obligado a resolver el caso, hasta me vi reflejado en su propio espejo, bebí, bebí todo lo que el organismo me permitió esa noche, me adentré una vez más en la tragedia cubana, en el dolor de ese pueblo, de mi pueblo y en lo particular de cada caso que conocía, en los hijos sin padre, en los hijos sin familia y sin madre, en la división de la familia, en la pérdida del amor y de la esperanza, en los futuros quebrantados por la decisión ideológica de un gobernante, un resentido social que tuvo la suerte de arribar al poder y del cual no quiere bajarse jamás; el último whisky me golpeó y me regañó, orientándome hacia mi apartamento, había que dormir.

Desperté con un mal sabor en la boca a causa de los tragos, pero lo hice un poco tarde para mis propósitos de comenzar mi búsqueda del médico cubano, doctor Alejandro Aguilar, por ser fin de semana, y trazarme un plan a seguir; ¡sí!, me interesaba el caso, ¡lo decidí!

Hurgué en el bolsillo del saco, no lo encontré en el derecho, ni tampoco en el izquierdo, cuando pensé que lo había botado, ¡sería desastroso!, pensé. Introduje mi mano en el bolsillo interior, y allí estaba, preparé un café bien fuerte, me serví media taza y me senté en la sala con aquel pedazo de papel cuadriculado (el café y mi "ratón", venezolano), que me había sido entregado la noche anterior por el señor Aguilar en el restaurante. La dirección no me era conocida, ni tan siquiera por los puntos de referencia que aparecían, ¡jamás la había escuchado!, pero el teléfono, evidentemente, era de la capital, su código así lo indicaba.

Disfruté del café, como disfrutaba de tener ese pedazo de papel en mis manos, ¿qué me atraería de todo eso?, si en realidad el caso era bien complejo, complicado y demorado, me dije; Alejandro tendría unos cuarenta y tantos años, yo tenía cincuenta y seis, él era médico cubano, yo era economista, había nacido en una sociedad muy diferente a la mía, yo nací en el capitalismo, aunque después tuve que aceptar la idea del cambio, pero ya habían transcurrido diez años de cimientos capitalistas. No acepté el socialismo, ¡renuncié a esa idea!, y, ¡me largué!; pero él no, no conocía otra cosa que no fuera el sistema imperante en su país, se desarrolló en él, luchó y se sacrificó por él, aceptó la convivencia; se hizo profesional, con orgullo aceptó también la idea de brindar su esfuerzo y sus conocimientos, donde la revolución lo necesitara, y por eso vino, aceptó la misión.

Llegó a un mundo diferente, pero solo tuvo una visión del mismo muy escasa, su recorrido del aeropuerto hasta su comunidad de Barrio Adentro, ¿qué ha visto?, ¿qué conoce?; ¡nada!, ni tan siquiera debe haber tenido la posibilidad de reunirse o codearse, de intercambiar experiencias con profesionales de su misma profesión, sin embargo, él ya pudo apreciar que hay más mundo que ese, que ese de donde procede; pero, ¿lo habrá sabido valorar?, ¿de qué manera?, ¿para bien o para mal?; ¿qué idea tendría de su padre?, que dejó de verlo desde los dos años de edad, ¿cuál sería la influencia de esa imagen paternal?, ¿qué le pudiera haber inculcado la madre la propia ideología socialista, durante todos estos años?

¡En fin!, lagunas todas que solo pudieran ser despejadas con la confrontación, con el intercambio, con la comunicación entre él, y el elegido por su padre, que era yo. Miraba una y otra vez aquel pedazo de papel, dirección y teléfono frío que no me revelaban ninguna luz, que me descifrara como abordar el caso; necesitaba despejarme, aclarar mis ideas, enfrentarme al caso, ¡no había otra solución!; varias veces intenté establecer la comunicación, pero el instinto me decía que no lo hiciera aún; ¡así lo hice!, ¡esperé!

Me duché por espacio de media hora, el agua caliente empezó a despejar mi mente, mis neuronas cerebrales, la combiné con fría también para que me revitalizara y me sacara todas las impurezas de mi cuerpo; me vestí, y sin saber a dónde dirigirme, salí del residencial sin rumbo fijo, sin dirección predeterminada, ¡solo salí!

A pocos kilómetros de allí me detuve en una base de taxis, llamé desde el interior de mi vehículo al supervisor, que deduje era, el que estaba sentado al lado de una cabina telefónica dando instrucciones, muy molesto por cierto y con un cigarro que le quemaba los dedos por haberse consumido.

—Señor, hágame el favor, ¿usted conoce esta dirección? —le dije.

—Realmente no la conozco, pero una de sus calles me hace ubicarla por los alrededores de Petare, cerca de Makro, antes de llegar al puente que divide el Llanito con Petare, por ahí debe de ser —me dijo.

—Pero ¿no puede darme seguridad al respecto?

—No, en realidad no estoy seguro, pero sí creo que debe acercarse a la zona, y cuando esté allí, preguntar, es lo más lógico, ¿no cree?

—Sí, eso haré —le dije y me marché, dándole las gracias por su información.

Hice lo que me sugirió el supervisor, de todas formas no tenía nada que hacer, y el tránsito era aceptable por ser fin de semana. Cuando me ubiqué justamente debajo del puente que colinda con el Llanito, paré al lado de un vendedor de servicios telefónicos y le hice la misma pregunta que al supervisor de taxi:

—Me parece que esta dirección está ubicada dentro de ese barrio que usted ve allí —dijo señalándome una barriada que se veía a lo lejos del puente.

—¿Allí hay médicos cubanos en consultorios? —le pregunté.

—¡Sí, los hay!, ¡muchos! —me dijo.

—Gracias —y me marché del sitio.

Traté de adentrarme en la barriada, pero lo confieso, me dio temor hacerlo, desde la entrada podían distinguirse algunos grupos de jóvenes adolescentes que cuando vieron llegar el carro a la entrada, algo comentaron entre ellos. Lo cierto es que esa imagen de bienvenida, infundada o no, me resultó confusa y poco amistosa; decidí entonces preguntar, sin abandonar el vehículo, al lado mismo donde había estacionado en una bodeguita poco surtida y sin pintar que quedaba a mi izquierda, bajé el vidrio del carro, y le dije al bodeguero:

—Señor, ando en busca de esta dirección —la cual le entregué—, ¿la conoce?

—Sí, la conozco, eso es más arriba, por esa subida, pero mire, eso es peligroso, no le recomiendo que vaya solo, y mucho menos el fin de semana que todos los malandros andan sueltos, siga mi consejo —me dijo, y me devolvió el papel.

—¿Y qué me recomienda que haga?, necesito localizar a un médico cubano que ha sido asignado a este barrio, ¿cómo doy con él? —después de un rato de reflexión me dijo.

—Deje ver si yo puedo ayudarlo —me dijo.

Se retiró un poco del mostrador, sacó del bolsillo de la camisa un celular, de esos viejos, muy usado, y marcó un número.

—¡Aló!, ¿quién habla?

—Mira es Manuel, ¿puedes venir un momento? —dijo escuetamente y trancó.

Apenas me miró, ni explicaciones me dio, solo se limitó, al igual que yo, a esperar. Pasaron como quince minutos, en los cuales aún permanecía estacionado frente al abasto o bodega, lo cierto es que esa callejuela era el único acceso posible al barrio, desde allí y con plena observación de los malandros, que a solo treinta metros se mantenían en el lugar, como esperando que diera el primer paso pal atraco, que me decidiera a subir por aquel callejón irregular. Mientras estaba esperando por quien había llamado mi protector eventual, me hice una serie de ideas de cómo sería el guía o el guardaespaldas que me enviarían, un tipo joven, fornido, de brazos anchos, musculosos, acostumbrados a las pesas de gimnasio diario, tatuajes en los mismos, cabeza grande, de mucho cabello desordenado y poco atendido, le faltaría algún que otro diente, de abajo o de arriba, no importaba (daba con la característica), y sin apenas reírse, ni articular palabra alguna.

Vi descender por el callejón a un hombrecito, poco más de un metro y treinta, bien flaco, de pelo revuelto, ¡eso sí!, brazos poco cultivados por el ejercicio de las pesas, mal vestido y con andar poco elegante; apenas lo vi pensé: «Lo van a asaltar, seré testigo de un atraco, de un asesinato quizás, ¡qué lástima que no sea periodista!». Seguí sus pasos hasta que llegó donde estaba el grupo de malandros, cuando pensé que lo iban a agredir, solo fueron a estrecharle la mano, y cuando pensé que era solo una estrategia para agredirlo, le pasaron el brazo por encima de los hombros, con un afecto indescriptible; ¡era mi guardaespaldas!

El muñequito de cuerdas, como lo describí, llevaba en la cintura un revólver calibre 38, bien camuflado con una chaqueta de dudoso cuero, pero que servía para sus propósitos, llegó donde yo estaba estacionado y después de echarme una mirada, le dijo al portugués:

—¿Qué se te ofrece, Manuel?

—Quiero que acompañes a este señor hasta donde están los médicos cubanos, por su acento, él también es cubano, ¿de acuerdo?

—Como usted diga, señor Manuel, necesito me dé algo para le cena hoy, ¿puede ser?

—Eso lo pago yo —dije de inmediato—, despáchele un mercadito que en cuanto regrese le pago, señor Manuel —le dije y le di indicaciones al sujeto que subiera al carro que ya nos íbamos por el callejón.

Subir con protección resultó más fácil de lo que pensé, todos saludaban al "muñequito de cuerdas", como si fuera un personaje, aunque en aquel momento, ¡lo era!

El sol se estaba haciendo sentir en el barrio, a pesar de la hora, había un silencio sepulcral, la acostumbrada siesta del mediodía se había encargado de eso; subimos y bajamos por esos callejones, no sé cuántas veces, hasta que al final de uno de ellos observé una construcción, tipo cabaña de bloques, que era un prototipo de todas las casas construidas para los médicos de estas comunidades en esas barriadas capitalinas.

Rompí el silencio, haciéndole una pregunta al "muñequito":

—¿Conoces a los médicos cubanos?

—Sí, algunos son buena gente y serviciales —me dijo.

—¿Conoces al doctor Alejandro Aguilar?

—¿Cómo es él? —me preguntó.

—Ni idea, traigo un mensaje de la Habana —le dije.

—¿Tú eres médico también? —me preguntó.

—Algo así, yo curo los males de muchas personas —le dije.

—Entonces eres médico, si curas los males de las personas —me dijo, pero quedó intrigado—. ¿Qué vaina estás hablando, cubiche? No sé de ese Alejandro de quien me hablas, pero no importa, eso lo averiguaremos ahorita —me dijo.

Me hizo señas que arrimara a una casa de bloques también, donde en la puerta había una señora sentada tomando el fresco en una silla que recostaba a la pared como si fuera un taburete.

—Epa, doña, ¿Usted conoce al médico cubano Alejandro? —dijo el muñequito.

La señora se quedó pensativa por un instante, hasta que reaccionó y respondió:

—Creo que sí, es uno de ellos que le dicen Alex, de bigote negro y el pelo con algunas canas, ¿no es ese? —y se dirigió a mí.

—En realidad no lo conozco, solo le traigo un mensaje de la Habana —le dije.

—Si usted quiere puede esperar un rato, que seguro ellos vienen al consultorio, siempre le dan una vuelta los fines de semana —dijo la señora.

—¿Aquí ustedes tienen algún teléfono donde se le pueda llamar, o a ellos o a usted?, si me hace el favor de localizármelo yo la llamaría a usted mañana en la mañana, ¿le parece bien?

Titubeo un poco, pero al final accedió y me dio su teléfono.

—Sí, me parece bien, siempre que lo haga a eso de las diez de la mañana, que de seguro a esa hora todos están ahí —me dijo.

—Me dijo que su nombre era... ¡Ah! Sí, Isabel, doña Isabel —le dije y la besé en la mejilla—. Bueno, vamos a hacerlo así, mañana yo la llamo a esa hora —le dije y nos despedimos.

Recorrimos el camino de regreso, el muñequito y yo, y fue entonces que aproveché y le pregunté:

—¿Qué puedo hacer para venir pasado mañana a este mismo sitio sin correr ningún riesgo?

—Anota mi teléfono "cubiche" —me dijo.

Anoté el número que me dio y quedé en llamarlo una hora antes de salir para acá. Nos encontraríamos en el abasto de Manuel, así le hice saber.

El muñequito era un personaje popular de barrio que podía pasar por un hombre de treinta y tantos o cuarenta y tantos años; si aseguraba tener treinta y tantos, le dirían lo avejentado que estaba, y si decía que estaba en la década de los cuarenta, le dirían lo joven que se veía. Lo cierto es que dicho personaje, a mi modo de ver las cosas, vivía más de lo que pudiera haber hecho, que de lo que hacía actualmente; todo el mundo lo respetaba en la zona, lo saludaban en cada esquina, le brindaban "caña", cuando se detenía en cualquier lugar lo actualizaban de las novedades de la barriada; las mujeres, que poseían sus mismas condiciones, lo admiraban, y una que otra había amanecido en sus brazos, pero otras lo rechazaban, y hasta cruzaban la calle cuando lo veían venir y evitaban un encuentro frontal con él. Era de estos personajes sin los cuales el barrio no puede sobrevivir, ni formarse una historia, ni tener tan siquiera una localización, creo y de eso estoy casi seguro, de haber conocido al "muñequito", no hubiera pasado tanto trabajo con la dirección, sencillamente, era un barrio adentro.

Me detuve en el pequeño abasto de Manuel, cancelé la factura del personaje y le dije al portugués, que, en los próximos días, debía regresar y que ya me había puesto de acuerdo con mi guardaespaldas para poder entrar. Así conseguí tener mi primera experiencia barrial, y de las características del lugar, donde había venido a parar el doctor Aguilar con sus sueños de prosperidad individual e internacionalismo colectivo y popular por el otro.

Llegué a mi refugio, y me desplomé en el sofá, estaba agotado, extenuado, sin saber cómo abordar el caso de Alex, debía aclarar mi mente, despejarla, amoldarla a las circunstancias que pude percibir, trazarme una estrategia y lograr los propósitos que el señor Aguilar requería, para el bien de su familia, y sobre todo de su hijo, de su único hijo, Alejandro.

Capítulo XIV

SOÑÉ HASTA CON los callejones de Barrio Adentro, con la señora que me dio la información, con el portugués, el "muñequito", en fin, soñé con la misión, pero el sueño no me aportó nada de cómo podría resolver el caso; no sabía si llamar por teléfono y cuadrar una cita con Alejandro, pero, ¿y si no aceptaba?; además, el teléfono no ofrecía ninguna garantía para casos como este, todos los cubanos sabíamos que en Cuba los teléfonos estaban intervenidos y era comprometedor y peligroso hablar cualquier asunto delicado por esta vía, y Venezuela se había convertido en un apéndice del régimen cubano. ¿Qué hacer?

Es verdad que me había hecho la idea que al hijo del amigo Aguilar pudieran haberle "lavado el cerebro", ideológica y emocionalmente, pero también pudiera haber ocurrido que el doctor Alejandro ansiara encontrarse con su padre, y hasta hubiera entendido el motivo de su abandono del país. Todo lo que me imaginaba, eran puras especulaciones, ¡conjeturas!, ¡había que hablar con él!

Al día siguiente llamé al "muñequito", era una mañana de lluvia, quizás hasta buena para un contacto como este, la gente permanecía en la casa, no se aventuraban a salir.

—A las diez en donde Manuel —me dijo y colgó.

Ya era tarde, me apuré todo lo que pude; en el trayecto detuve el carro en uno de esos vendedores ambulantes y le compré a Alejandro una gorra de béisbol, de los yanquis de Nueva York; me gustó y era un detalle para presentarme en nombre de su padre, al menos así lo entendí. Llegué al abastito del portugués, lo saludé y estacioné el carro en un costado para esperar por mi guardaespaldas que no debía demorar; y así fue, no hice más que bajarme del carro, el "muñequito", bajaba por el callejón con su chaqueta holgada, desteñida y fuera de moda, sus pantalones oscuros, fuera de época, y su cigarrillo que colgaba de sus labios a punto de consumirse; empezaba a lloviznar y lo vi apretar el paso para guarecerse en el abasto de Manuel.

—Hola "cubiche", ¿no te esperaba tan pronto? —me dijo.

—Así es, pero las circunstancias obligan —le dije.

—¿En qué parte del barrio quieres que te ponga? —me dijo, haciendo alarde de su poder y territorialidad.

—En el mismo lugar de la vez anterior —le dije.

Nos fuimos de una vez antes de que arreciara el aguacero, agarramos el callejón, el cual a esa hora estaba vacío, y solo se veía una que otra señora barriendo el lodo de la fachada de su casa, siempre había uno que otro curioso que se asomaba en la ventana al vernos pasar, pero mi guía siempre saludaba desde el interior del vehículo, como dando a entender que no había problema, que ahí estaba él. Descendimos por una de sus calles, hasta que nos topamos con el módulo del médico de la barriada; en seguida reconocí la casa de la señora que nos atendió el día anterior, y le dije a mi custodio:

—Vamos a ver a la señora Isabel, quizás dio el recado a mi amigo el doctor, ¿no crees?

—Deja a esa vieja, esa solo lo que hace es darle a la lengua, yo voy a traerte aquí al paisa tuyo, dame solo quince minutos, no te me muevas de aquí, ni salgas del carro, ¿entendido?, ¡ah!, y dame el nombre del médico, ¿cómo se llama? —me dijo.

—Alejandro, doctor Alejandro Aguilar, ¿te lo escribo?

—No hace falta, tengo buena memoria —me dijo y de una vez echó a andar por uno de los callejones laterales al consultorio.

Hice lo que me dijo, esperé más de quince minutos, hasta comencé a desesperarme, pensé que iba a tener que salir de allí solo a cómo diera lugar, hasta me hice el firme propósito de esperar solo unos pocos minutos más, y si no regresaba el "muñequito", bajaría de una vez. Cuando estaba sumido en mis pensamientos, entre una de esas callejuelas, se asomó una chica muy delgada, de unos cuarenta kilos de peso, pelo sin arreglar, suelto y sin peinar, de color castaño y quemado por el sol, que se asomó por la ventanilla del carro, al mismo tiempo que me decía:

—¿Tú eres el pariente del doctor Alex?

—Sí, ¿por qué?, ¿dónde está él? —le pregunté.

—Ven conmigo, te llevaré donde él está —me dijo.

—No puedo, debo esperar por... —y me interrumpió de inmediato.

—"El látigo", está conmigo también, él fue quien me envió a buscarte, ¿vienes o no? —me dijo.

—Si es así, nos vamos, ¿dejo el carro aquí? —le pregunté.

—Ciérralo y vamos, nada le pasará —aseguró.

Hice lo que dijo aquella jovencita, y de una vez, y en su compañía atravesamos una de las callejuelas hasta salir a una calzada un poco más amplia, donde nos topamos con un entierro que bajaba por uno de sus callejones, los dolientes y amigos cargaban a hombro el ataúd. El escaso sol, que ese día lluvioso nos ofrecía, sin mediar apenas unas diez palabras, aquella mujercita me condujo entre pasillos estrechos y callejones angostos por donde corrían las aguas negras de la barriada; después de subir una empinada cuesta, donde tuve que tomar un descanso de unos minutos para tomar aire y secarme el sudor que por mi frente y rostro corría, le pregunté a mi acompañante:

—¿Falta mucho para llegar?

—Allí, en aquella casa que tú ves allá, detrás del árbol aquel, la pintada de color azul y blanco —me dijo.

—Bueno, sigamos —le dije.

Al llegar me hizo señas que esperara a solo unos veinte metros de la puerta de la casa; ella desapareció a través de la misma, la cual se cerró después que ella entró. Por una de sus ventanas alguien se asomó y calculé que fuera mi "látigo", ya que en breve lo vi salir de la casa rumbo hacia donde me encontraba; al llegar me dijo:

—Ya viene el doctorcito, se está afeitando. Pero bueno, vamos a entrar a la casa, allí vive el barbero que lo afeita, y es mi pana, no hay problema.

—OK, vamos entonces, me parece excelente idea, no me gusta estar parado aquí ni conversar con el médico en la calle, ¿no crees? —le dije.

—Muy cierto, pana, entra e instálate en el sofá, ya lo busco —me dijo y desapareció por entre unas cortinas de flores rojas y amarillas que servían de división interior de la vivienda.

El calor era insoportable, a pesar de que amenazara con llover y el cielo estuviera nublado; esperé como unos quince minutos, que me sirvieron para constatar lo que siempre había pensado de los que viven en barrios o en ranchos. Esa casa donde me encontraba, al menos en la sala donde estaba sentado, contaba con un televisor de 21 pulgadas marca Sony, un equipo Panasonic para colocarles 5 CD de música, el sofá y las dos butacas estaban forradas en bipiel, en una esquina de la sala había un ventilador marca Taurus de 4 velocidades, y dije en silencio que ninguna casa en mi país, aunque fueran profesionales los que vivieran en ella y todos trabajaran, poseían estos artículos de disfrute social. Sencillamente, no podían adquirirlos, no los vendían en la tienda, y tenerlos podía representar un delito, o más bien, una desviación ideológica, ¡qué vaina tan arrecha!

Mientras meditaba sobre eso, atravesó la cortina un señor, de unos cuarenta y tantos años, pelo entrecano, de buena complexión atlética, ojos negros, como los del padre, y sus rasgos eran evidentemente del señor Aguilar; al acercarse a mí me tendió la mano, al mismo tiempo que me decía:

—Mucho gusto, mi nombre es Alejandro.

—Encantado, me llamo Emilio —le dije e hice una pausa que sirvió para medirnos e interrogarnos el propósito de mi visita en aquel rincón perdido de Caracas—. Hace días que trato de localizarte, incluso ayer estuve aquí, en el consultorio, pero tú no estabas, habías salido —le dije, reanudé la pausa, como pensando cuál sería la reacción cuando mencionara que venía de parte de su padre—. Hoy, y gracias al muchacho que me acompaña, llegué hasta aquí, que como comprenderás, no es nada fácil.

—Así es, y si no es con él, te la estás jugando al pegao, como se dice en nuestro país, porque tú eres cubano también, ¿no?

—Claro que sí, soy cubano, de la Habana, pero yo salí de la isla hace unos veinte años, más o menos —y al decirlo noté que se puso en alerta, tenso, en guardia, pero no hizo ningún comentario al respecto, y continué—. Mira Alejandro, lo que me trae aquí, y creo que estamos lo suficientemente solos como para poder hablar con franqueza —él asintió con un gesto de la cabeza—. Es tu padre, yo soy amigo íntimo de él, y me pidió que te visitara, me dio tu dirección y teléfono, y estoy aquí para ponerme a la orden en lo que tú necesites, él quisiera verte, pero requiere de tu aprobación, ¿qué piensas tú al respecto?

—Mire, señor Emilio, aunque hace veinte años que usted abandonó Cuba, las cosas marchan igual o peor que como las dejó —hizo una pausa—, y no quiero recordarle cuáles son, porque usted sabe a qué me refiero, ¿no es así?

—Sí, lo sé, además yo estuve hace poco en la isla y todo está igualito o peor, como usted dice —le dije.

—Este simple contacto entre usted y yo pudiera representar para mí el fin de la misión que mi gobierno me encomendó, ¿lo sabía?

—Sí, lo sé —le dije.

—Pero como hoy es fin de semana y mis compañeros cubanos médicos también están libres, puedo entrevistarme con usted, y en esta casa, que no es donde yo resido, pero ni en el consultorio, ni donde me albergo, puedo tener este contacto, me perjudica, ¿entendió?

—Perfectamente —le dije muy poco esperanzado de que se lograra algo positivo con el doctor.

—No sé si mi padre le ha dicho que él abandonó a mi madre cuando yo solo contaba con dos años de edad, y nunca más supe de él hasta ahora que usted llegó; ni una carta, ni una llamada, ni tan siquiera una noticia de él, de su vida, si estaba vivo o no lo estaba, así crecí, así me desarrollé, así compartí los ratos y momentos buenos y malos con mi familia, y en especial con mi madre, que fungió de padre también para mí —tomó aire, me miró fijamente a los ojos y continuó—. Lo que he hecho y lo que soy hasta hoy, se lo debo a mi madre, y desde hace unos meses para acá, a mi esposa, que es médico también, y que me ha sabido comprender con mis buenos y malos ratos, y con mi infortunio de carecer de un padre, que me hizo, y siempre me ha hecho mucha falta, ¿me hago comprender?

—Lo comprendo, señor Alejandro, pero lo pasado, pasado está, no hay modo de rectificarlo, ni borrarlo, y mucho menos rehacerlo de la forma en que hubiésemos querido que fuese, ¿me hago entender? —le dije.

—Sí, perfectamente —me dijo y se quedó esperando que reanudara mi conversación—. Aunque no me lo has mencionado, también conozco que tu padre tuvo que abandonar Cuba de forma precipitada, lo iban a apresar y podía haberle acarreado serios problemas con el gobierno, hasta años de cárcel de haberlo apresado, ¿lo sabías?

—Muy superficialmente, en mi familia apenas se habla de él —me dijo.

—No quiero insistir en el pasado, solo quiero que sepas que tu padre desea verte, quiere y necesita reanudar los contactos contigo, él se siente solo, no se volvió a casar, vive de los negocios en Miami, tiene una excelente posición financiera y no tiene herederos, solo existes tú para él. Por ser uno de sus mejores amigos, me pidió interceder y ponerme a la orden para lo que tú necesites, y voy a hablarte más francamente, limpiamente, para que tengas todas las cartas en la mano, y puedas decidir; tu padre está rico, tiene mucho dinero y quiere disfrutar los últimos años de su vida contigo y con quien tú decidas. Si quieres quedarte en Cuba, él puede ayudarte para que vivas bien, aunque sabes que eso no es del todo posible en nuestro país —me detuve unos instantes, lo miré fijamente y me di cuenta de que sudaba, que tenía en ese momento una lucha interna muy difícil de decidir en un instante—. Si quieres irte junto a él a Miami, estoy a tu disposición, te puedo sacar de aquí y enviarte junto a tu padre; si hay que sacar a tu madre y esposa, también podemos hacerlo por esta vía de Venezuela o quizás por otro país más confiable, pero lo puedo lograr, solo está en tu decisión que no tienes que dármela de inmediato, puede esperar. Ahora, eso sí, quisiera que vieras a tu padre, ¿puedes salir de aquí?

—Sí, como poder puedo, pero no debo hacerlo por mucho tiempo, sabes en qué condiciones venimos y cómo nos vigilan, ¿lo conoces?

—Sí, estoy enterado —le dije.

—Dame tres días para madurar todo esto que hemos hablado, y déjame un teléfono donde pueda comunicarme contigo y te llamo —me dijo.

—OK, como tú digas, aquí tienes trescientos dólares que me dio tu padre para hacértelos llegar.

Saqué el dinero del bolsillo y cuando se lo fui a entregar me dijo:

—No, no puedo aceptarlos, no está bien.

—Agarra muchacho, y perdóname que te tutee así, pero no vas a arreglar el mundo, acuérdate que la "buena vida es cara, la hay más barata, pero no es vida".

Y le metí la plata en el bolsillo de la camisa. Con un fuerte apretón de manos nos despedimos, en espera de su llamada, y su decisión.

—Llámame al "látigo", por favor —le dije.

En solo unos minutos apareció mi guardaespaldas de atrás de las cortinas y le dije:

—Andando, que ya me deben haber robado el carro.

—Eso no hay quien lo toque —me dijo haciendo alarde de su autoridad barrial.

Bajar nos fue más fácil, como siempre, todos los santos ayudan, como decía mi madre. Durante el regreso a donde había estacionado el vehículo, como ya caía la tarde, nos cruzamos en el camino con algunos grupos de muchachos de no muy buen aspecto, saludaban a mi protector con mucha afabilidad; quité la alarma y descendimos por el callejón principal hasta la bodega de Manuel, donde le obsequié otro mercadito a mi guardaespaldas, que aunque no me lo pidió al descaro, lo insinuó cuando se tropezó con Manuel, y yo preferí resolverlo de una vez; además por el camino que iba me quedaban unas cuantas visitas al barrio todavía e iba a necesitar de la colaboración de ambos.

En poco menos de una hora ya estaba de vuelta en la casa, agarré el teléfono e hice una llamada:

—Señor Aguilar, aunque no le tengo excelentes noticias, acabo de hablar con su hijo —le dije y agregué—: Está muy bien, aunque está en un lugar que no es muy bueno, mejor dicho, es malo, un barrio de esos que mete miedo, pero él es considerado y protegido por la comunidad, por ser médico, solo por eso. Ahora bien, conversamos muy amigablemente, entendió cuál era mi misión, a lograr con respecto a él, lo vi muy abierto a la reconciliación, pero como lo que me llevó allí, lo agarró de sorpresa, me pidió unos días para madurarlo y tomar una decisión, de todas formas sea positiva o negativa la respuesta, el encuentro entre ustedes se producirá; él quiere verlo, sentirlo, conversar muchas cosas, que no le quedaron claras por parte de su familia, me refiero a la separación de ustedes; ¿me comprende? —le dije e hice una breve pausa.

—Sí, está claro, eso es así —me dijo y me preguntó—. ¿Usted está en su casa?

—Sí, aquí estoy —le dije.

—¿Puedo ir a verlo? Para conversar estas cosas personalmente —me dijo.

—Por supuesto, cuando quiera, si desea vengase para acá ahora mismo —le dije y accedió, nos despedimos.

En tan solo unos veinte minutos ya me llamaba el señor Aguilar por el intercomunicador de la entrada, le abrí la puerta y en breve nos dábamos un fuerte abrazo a modo de recibimiento.

—Lo noto más delgado —le dije—, no será la comida venezolana, o será el color de la ropa.

—Puede ser, no estoy comiendo a mis horas, ni todo lo que acostumbro —me dijo y se sentó en mi sofá.

—¿Le preparo algo de beber?, ¿un whisky, una soda, un jugo o algo así? —le pregunté.

—Un whisky me parece bien, pero no muy cargado, y con soda —me dijo.

—Enseguida se lo preparo —le dije y me fui a la cocina de una vez.

—Pero dígame, señor Emilio, ¿cómo encontró a mi hijo?

—Muy bien, se ve muy bien, a pesar de que yo no lo había visto nunca, pero se ve muy bien de salud, muy pausado a la hora de hablar, aunque si algo temeroso de que pudieran descubrirlo si establece contacto con nosotros, los disidentes políticos, y eso le traiga sus consecuencias, como que lo devuelvan a Cuba y no pueda salir otra vez. Usted quizás no sepa eso, pero es así, y debemos ser cuidadosos, ¿me explico?

—Perfectamente —me dijo con cierto temor de que algo no saliera bien—. Alex, que así le dicen en el barrio y sus compañeros, quedó en llamarme en tres días para decirme cuál iba a ser su decisión.

Pero insisto, señor Aguilar, lo que si se va a producir seguro es el encuentro entre ustedes, así que prepárese para el mismo —le dije.

—Nada me alegra más —me dijo y comenzó a saborear su trago.

Llovía a cántaros, y la tarde había refrescado considerablemente, la brisa que bajaba del Ávila era muy agradable, nos permitía pensar con mayor fluidez y disfrutar mejor de nuestro encuentro vespertino. Le entregué al señor Aguilar en una hoja los gastos en que había incurrido en esos dos días, como justificación de gasto sobre los mil dólares que me había entregado; quedó muy satisfecho con mi decisión de darle trescientos dólares a su hijo.

—Ahora solo nos queda esperar estos días y rogarle a Dios que su decisión sea renunciar a la misión y marcharse a los Estados Unidos, yo se lo dije, y fue así: "Alex recuerda que, la buena vida es cara, la hay más barata, pero no es vida".

—No jodas que le dijiste eso —me dijo el señor Aguilar que se reía de la frase que le solté a su hijo.

—Claro que se lo dije, para que no continúe pasando trabajo allá en nuestra isla, que tome la decisión y se largue, después ya veremos cómo sacamos a su esposa y a su madre, que es lo que más le preocupa —le dije.

—¡Ah!, pero no sabía que estaba casado, pero hace poco que se casó —me dijo el señor Aguilar.

—Sí, hace solo unos meses —le dije y agregué—, la esposa es médico también.

—Bueno, tenemos que esperar, no queda otro remedio —me dijo a modo de despedida, ya que dicho esto, se levantó y se despidió de mí.

Al día siguiente me fui temprano a la oficina, y durante el trayecto tomé la decisión de alejarme por unos días de lo que conocí, era posible que ya alguien estuviera enterado de mis visitas a la comunidad de barrio adentro, donde radicaba Alex; la embajada cubana, después de mi encuentro con el funcionario vicecónsul (el cual yo dudaba que lo fuera), me había dejado tranquilo, sin embargo, el dato que le suministré del señor Joaquín Riquelme, era falso, el teléfono que le di ni existía ni pertenecía a Frank, por consiguiente, estarían enojados conmigo, y alguna represalia querrían tomar al respecto.

El silencio mantenido hasta el momento me daba señales que debía tomar precaución en las gestiones que hiciera con relación al hijo de Aguilar, era aconsejable, así que me fui a la oficina, le anuncié a Luis que haría un retiro espiritual y que me ausentaría por unos días de la vida pública Aproveché mi estancia en la oficina e hice tres o cuatro llamadas para lograr mi propósito de ausentarme unos días; incluso, hasta se lo comuniqué al señor Aguilar y el porqué de mi retiro. Me puse en contacto con uno de mis amigos cubanos, que aún quedaban en este país, el cual me dijo de inmediato:

—Si lo deseas, puedo enviarte a un seminario en la periferia del estado Aragua. Allí vas a tener lo que deseas y lo que me has solicitado.

—No es para tanto —le dije riéndome.

—¿Qué debo hacer para irme ya? —le dije.

—Esperar solo unos quince minutos, voy a gestionar tu entrada a ese lugar, dame tu nombre completo —me dijo.

Así lo hice, le di mi nombre completo, colgué y esperé ordenando mis documentos y fólder en la oficina hasta que mi amigo me devolviera la llamada; entre los papeles y mensajes que estaban encima de mi escritorio, había uno de un tal señor Lozano que me pedía le devolviera la llamada en cuanto leyera el mensaje; así lo hice, su teléfono repicó varias veces, hasta que una voz de mujer lo atendió:

—¡Aló!, ¡aló! —dijo.

—Buenos días, señorita, necesito hablar con el señor Lozano, por favor —le dije.

—El señor Lozano no se encuentra, ayer viajó a Cuba y no regresará hasta el fin de semana, ¿quién lo llama? —me dijo muy amablemente.

—Es el señor Emilio, él me llamó hace unos días y le estoy devolviendo la llamada, le agradecería colocara un mensaje mío en su escritorio para que cuando regrese me devuelva la comunicación, ¿entendió?

—Sí, señor, así lo haré, descuide —me dijo y colgó.

Tuve que esperar un tiempo más hasta que él, mi amigo, el seminarista me volvió a llamar, la secretaria me pasó la llamada y escuché:

—Todo resuelto, puedes presentarte allí cuando quieras, te están esperando —me dijo, y agregó—: Anota la dirección.

Así lo hice y le dije:

—Recuerda que no debes darle a nadie mi ubicación, ¿entendido? Secreto de confesión —le dije.

—Sí, no te preocupes, ya lo sé, quieres comunicarte con Dios lo más privadamente posible, y para eso nadie debe molestarte, ¿no es así? —me dijo y se rio—. Dale, vete cuando quieras, te están esperando, ¿OK?

—Sí, hermano, nos volvemos a ver en unos días —le dije y colgué.

Sin nada más que me retuviera allí en la oficina, me despedí de Luis y de la secretaria diciéndole que viajaría fuera del país, o sea que estaría incomunicado telefónicamente y que mi viaje duraría por lo menos una semana.

Capítulo XV

EL MONASTERIO EN el cual me refugié por espacio de una semana, era como casi todos los que servían a este fin religioso, frío, de sólida construcción, muchas ventanas que daban al exterior, pero ninguna se abría jamás, rodeado de jardines y protegido por un alto y fuerte muro de mampostería con rejas de hierro en sus tres entradas al monasterio; sus pasillos internos, eran muy oscuros, y húmedos, los cuales requerían mantener las luces encendidas, incluso durante el día, prácticamente, las luces permanecían encendidas todo el tiempo. Su patio interior y central, que bordeaba el seminario, sembrado de flores y matas ornamentales, contaba con ocho bancos ubicados de forma tal, que se podía mantener una conversación en cualquiera de ellos sin que la misma fuera escuchada por los otros ocupantes de los bancos restantes; era agradable sentarse en ellos, sobre todo al atardecer cuando la brisa recorría los muros de la instalación que penetraba por el hueco interior del patio.

Rezábamos tres veces al día en la capilla del monasterio, otras veces lo hacía en mi habitación, que estaba compuesta de una camita personal, con un crucifijo de madera sujeto en la pared, detrás de ella, un pequeño baño dentro de la misma, y una Biblia sobre un pequeño escritorio de madera barnizada. Eso era todo, y, ¡más que suficiente!, pensé yo, cuando me llevaron hasta ella. Detrás de la puerta había una imagen de Jesús sujeta con Guano Bendito, el cual, por su aspecto, ya llevaba un buen tiempo detrás de la puerta. Allí pasaba mis ratos, rezando y ayunando, meditaba a ciertas y determinadas horas del día, y de la noche, paseaba frecuentemente por el patio interior, me gustaba hacerlo, hasta me parecía que las flores adquirían un aspecto diferente cuando me veían caminar alrededor de ellas. Claro, este era el mes de las flores, el mes de la Virgen María, el mes de las lluvias, y según la tradición, uno debía bañarse con el primer aguacero del mes de mayo.

Nos levantábamos muy temprano en la mañana, antes del alba, desayunábamos en el comedor del seminario, muy ligero, yo lo hacía con té y un pedazo de pan; de allí nos íbamos a la capilla a dar nuestras oraciones y gracias al Señor. La vida del monasterio nos enseñaba a amar al prójimo, a amar la vida y sobre todo a amar y encontrarnos con Dios; cuestión esta que nunca se me daba, eran tantas mis preocupaciones y asuntos pendientes con el mundo real (que no era ese), que no me permitía encontrarme con Dios definitivamente. Siempre he creído que la energía que mueve el mundo es la energía del amor, y cuando el ser humano aprenda a dominarla, como otras energías, el mundo cambiará, seremos más unidos, más felices, y se prolongará nuestro tiempo de vida en la tierra. Todos los días, y a primera hora de la mañana, encendía tres velas en la capilla, ofrecidas: "Una por mi familia, ausente y presente. Otra por mi trabajo y mi salud. La otra, por el amor de la humanidad".

En esta ocasión encendí una cuarta vela, durante los siete días que estuve en el monasterio, que la ofrecí a Alejandro y su familia por la unión de la misma, porque lograrán sus objetivos, y sobre todo, que supieran perdonar los errores cometidos, que esparcieran el amor entre ellos, y dieran un sentido de unión a sus vidas.

El día de mi llegada entregué mis pertenencias allí, dejé mi ropa, mi reloj, y mi celular; permaneció guardado hasta el día en que culminé mi semana espiritual en el mismo; me puse un hábito que me facilitaron y con este estuve durante toda la semana.

Al terminar mis ejercicios espirituales, mi ayuno, y mis oraciones, abandoné el monasterio ese domingo en la tarde. Sentado en el carro, después de acomodar mi asiento y colocarme el cinturón de seguridad, encendí el celular; tenía seis mensajes de diferentes días, dos eran del señor Aguilar, dos de su hijo, el doctor Alejandro, uno de mi amigo Luis, y el otro una voz masculina, que no dejó ni dirección ni número de contacto. Había también dos llamadas perdidas cuyos números no conocía. Salí del estado Aragua rumbo a la capital alrededor de las cinco de la tarde de un domingo del mes de mayo soleado y con poca nubosidad en el cielo; encendí la radio y sintonicé una emisora de música instrumental, la canción que se escuchaba era Verano de Amor, muy popular en los años cincuenta, interpretada por la orquesta de Percy Faith.

¡Cuántos recuerdos me trajo la misma!, mis años mozos, mis amores de adolescencia, mis primeros pasos de fervor revolucionario donde aprendí las enseñanzas de Marx y Engels, hasta que llegaron a mis manos los primeros discos de acetato de los Rolling Stones y de los Beatles. La sustitución fue rápida, al instante; *I want to Hold your Hand* representaba más para mí que la internacional socialista, obrera y proletaria; y cambié el corte de pelo y el uniforme militar por los pantalones estrechos y la melena de John Lennon, hasta que me di cuenta de que eso en la dictadura de mi país, no se permitía, y o caía preso o me adaptaba, ¡y me adapté!, y en contra de mi voluntad, comulgué con el régimen; llegando al peaje de la bajada de Tazón, sonó el celular:

—Aló!, aló!, ¿quién habla? —dije.

—Epa, mira, es Alejandro, el médico de barrio adentro —me dijo—, te he llamado y dejado mensajes dos veces en esta semana, pero no pude hablar contigo, ¿escuchaste mis mensajes?

—Sí, Alejandro, lo que pasa es que ahorita mismo, estoy regresando a Caracas, estuve fuera durante toda esta semana, ¿cuándo podemos vernos? —le dije.

—¿Te parece bien mañana? —me dijo.

—Sí, no hay problema, pero, ¿dónde? —le pregunté.

—Voy a salir de aquí, dame una dirección y la hora en que nos vamos a encontrar y allí estaré, ¿te parece bien?

—Perfecto, anota esta dirección —le dije, y esperé unos instantes que anotara la misma, y después le dije—, ¿te parece bien encontrarnos mañana allí, al mediodía, y así almorzamos juntos?

—Excelente idea, a la una de la tarde estoy en el sitio —me dijo y colgó.

Se me hizo muy difícil la comunicación y la conversación, me estaba quedando sin batería en el celular y había dejado el cargador del carro en la casa, ¡cuántos contratiempos!

Bajé el Tazón sin prisa, y sin mucho tráfico, me incorporé a la autopista este–oeste, en sentido este hasta mi casa, a la cual llegué en solo media hora, los domingos es una felicidad conducir por Caracas.

Como me había pasado una semana abstemio, desde que llegué me preparé un whisky y me senté en mi ventanal favorito, con mi paisaje preferido; encendí el contestador telefónico, la cual de una vez me dio a conocer que tenía seis mensajes nuevos, los mismos que había escuchado en mi celular; ni los abrí, solo lo hice con aquel que me intrigo su voz, y que en mi celular, no quiso dejar referencia, ni número de localización. Aquí hizo lo mismo, el mismo mensaje, y me dije: "Hay que esperar que vuelva a llamar, a contactarme". Y aunque ese mensaje incógnito no se me quitaba de la mente, me senté a contemplar mi paisaje, puse la mente en blanco y disfruté mi trago, sin reparar en lo acontecido.

Cuando ya estaba casi en fase de acostarme, recibí una llamada del señor Aguilar, que se alegró enormemente de escuchar mi voz, creía que me habían secuestrado, claro secuestro *express*, no tenía para otro tipo de secuestro.

—No, señor Aguilar, lo que ocurrió fue que me ausenté toda la semana de la capital, incluso, hace unas pocas horas hablé con su hijo y acordamos encontrarnos mañana al mediodía para almorzar juntos. Anote, le doy la dirección, quiero que esté presente —le dije, no sin antes sentir internamente un escalofrío que me recorrió todo el cuerpo.

—Qué alegría me ha dado, señor Emilio —me dijo—, en realidad, esto no me lo esperaba.

—Pues quizás mañana se defina todo, o se joda todo —le dije, y le desee que pasara buenas noches—. Que descanse —concluí.

Desconecté todos los aparatos que pudieran sonar y truncar mi sueño, quería dormir, descansar en una verdadera cama, no en aquella cama de seminario, dura y rígida.

Amanecí con las noticias de un canal televisivo, que no tuve en cuenta desconectar; pero eran las ocho de la mañana, así que no me resultó incómodo ni me molestó que me despertara la televisión; por otra parte, las noticias me informaban que el presidente Chávez andaba otra vez de gira presidencial, y dije: "¡Qué interesante!", como si nunca hubiera salido del país. Una que otra noticia del medio oriente, y sobre todo aquella que me anunciaba el clima que íbamos a tener hoy en Caracas, si llovía o no, eso era más importante, no me gustaba vivir perennemente en conflictos, ¡y ya está!, todo lo que me interesaba en ese momento era que si me iba o no a mojar, ¡enhorabuena! Me mantendré seco.

Me fui a la cocina a preparar mi desayuno, pero desde allí, y a pesar de no querer, continué escuchando noticias, que si la oposición va a protestar frente al CNE (Consejo Nacional Electoral), que si un solo candidato, que dos millones de votantes en una misma dirección, en el Llanito, ¡carajo!, y pensé yo, ¿por qué no se darán cuenta de que el zambo no va a entregar el poder?, que cuando por la vía democrática se vea perdido, optará por la fuerza, el ejército, los colectivos, la reserva, los oficialistas, etc., enfrentará al pueblo, los muertos no cuentan, pero ¡no entregará el poder!, ¡jamás!, así son los socialistas del siglo XXI.

¡Alabado!, ¡grité!, si ya son las once y treinta de la mañana, solo me queda media hora para encontrarme con Alex, y me fui derecho a la ducha, ni caliente me la pude dar, un baño tabaquero, no había tiempo, me vestí lo más sencillo y cómodo posible, me eché una chaqueta por encima, y dejándolo todo bien asegurado, me trasladé al restaurante acordado; a pesar de ser lunes, no demoré con el tráfico, más me demoré en estacionar el vehículo en el estacionamiento del restaurante. Le entregué la llave al parqueador y me fui derecho a la puerta de entrada.

—¡Hola! —escuché que alguien me decía.

Me viré y allí estaba mi querido doctor Alex, que aún no había entrado, no se había acomodado en el interior del restaurante, me esperaba, le faltaba quizás desenvolvimiento, soltura social, o no quería sentarse en una mesa, no sabiendo si después aquello le originaría algún gasto. Lo saludé efusivamente, le di un abrazo, y le hice señas que me siguiera, le indiqué al maitre donde queríamos sentarnos, lo más privadamente posible.

—¿Le parece bien aquí, señor? —me dijo el maitre.

—Mejor imposible —le dije.

Nos sentamos y nos acomodamos de forma tal que la salida del aire acondicionado nos daba de frente, justo para refrescarnos y estimular nuestros sentidos. Sin mucho esperar Alejandro me miró, al mismo tiempo que me dijo:

—Estás más delgado.

—Así es mi querido doctor, en esta semana bajé de peso, y aumenté de espíritu —le dije.

—¿Qué hizo? —me preguntó.

—Estuve en un retiro espiritual, no muy cerca de aquí, pero factible de llegar —le dije.

—¿Qué es eso? —me preguntó.

—Soy católico, apostólico y romano; ¿qué vas a tomar? —le pregunté al acercarse el mesonero.

—No sé, quizás una cerveza —me dijo.

—No, déjame ordenar por ti, te voy a pedir un whisky. ¿OK?

—Bien, nunca lo he tomado —me dijo.

—Oye, ¡cómo se demora tu padre, seguro se perdió! —le dije.

—¡Ah!, pero mi padre viene, no estaba en Miami, me has engañado, eso no se hace —me dijo.

—No te engañé, solo te adelanté el momento del encuentro entre ustedes, ¿no crees?

—Dejémoslo ahí, ¿está bien?, ¿puede ser? —me dijo.

Pero le noté que algo lo había consternado, lo había sacado de sus casillas, no lo dejaba concentrarse en la imagen o en lo que él había concebido. Todo le había salido diferente a como se lo había imaginado, y eso lo disgustaba. No concebía la idea de encontrarse con su progenitor sin esperarlo, sin haberlo previsto, planificado, concebido, además, consultado, ¡si consultado!, y dirigido no solo con su madre y esposa, sino también con su régimen, con sus organizaciones políticas, no estaba acostumbrado a engañarles, además, nunca había tenido la posibilidad de hacerlo, y temía ser descubierto, deportado, arrojado al vacío moral y profesional, de no poder subsistir y que todo se descubriera, ni desarrollarse nunca más, en su propio país. Ese es el precio que deben pagar los que aspiran a una vida mejor, ¡hay más mundo que ese! Pero a veces cuesta llegar a ese mundo, le sugerí en silencio y se lo transmití con mi mirada, franca y expresiva, libre y espontánea.

Miré hacia el pasillo que daba a la entrada del restaurante y vi cómo se acercaba el señor Aguilar elegantemente vestido para poder impresionar a su hijo, quería impresionarlo, no quería perderlo, quería retenerlo y que no se le escapara, le hice señas a Alex y le dije:

—Ahí llegó tu padre, luce más joven que tú —le dije y me reí.

—Buenas tardes, déjame darte un abrazo por este encuentro —me dijo el señor Aguilar al llegar a nuestra mesa—. Nunca me imaginé, que después de tanto tiempo, pudiera abrazarte —dijo el señor Aguilar al dirigirse a su hijo Alejandro, que se había quedado sin habla ante la llegada de su padre—. Hijo, no desperdicies ni me prives de este placer de abrazarte, porque quizás sea el último que tenga —lo dijo con sus ojos llenos de lágrimas—, yo he sufrido tanto como tú, pero desde ángulos diferentes y posiciones distintas, pero, ¡de sufrimientos al fin!, no aspiro a más, solo abrazarte y tenerte cerca en este día. Te admiro, ¡sí!, y mucho, eres lo que nunca yo pude ser, ¡un profesional!, de solo serlo, ya eres libre, independiente, dueño de tu propio destino, lo único que lamento es que lo has logrado donde no deberías haberlo hecho, desde mi punto de vista e ideología; en tu tierra, nuestra tierra, nuestra querida "zozobra caribeña", como dice mi querido amigo Emilio; pero no quiero hablar más, solo quiero disfrutar de este momento que me ha proporcionado acá mi gran amigo —dijo y le ordenó al mesonero le trajera un whisky.

—No hagamos de este encuentro algo que nos hiera, y no cicatrice de por vida —dije.

—Mira Emilio, he venido a este encuentro —me dijo Alejandro—, porque en ciertos aspectos de la vida, y del sentir, coincido con ustedes, pero me debo a algo, que es lo que me nutre, y me da de comer, mal o bien, pero me alimenta desde hace muchos años, mi gobierno, que no será el mejor, pero no conozco otro, ¡solo ese!, y por sus restricciones no conoceré otro. Estoy aquí, eventualmente, y solo conoceré lo que tú viste, donde trabajo y vivo, y pensar en un cambio de sistema sería como confiar en lo que me dicen a ciegas, y, ¿debo creerles?; puede que sí, o puede que no, arriesgaría cuarenta y tantos años de mi existencia, tan solo, ¿por la emoción que ustedes ponen a sus palabras? Respóndanse ustedes mismos, ¿no creen?, por las experiencias que solo ustedes han vivido, ¿y yo qué?, no cuento, y mi familia, aunque poca, es mi familia, ¿qué me proponen?, abandonar lo poco que tengo, lo que me ha costado tanto trabajo, y que aún no representa absolutamente nada, ¡lo sé!, que no mejora mi estándar de mi vida, también ¡lo sé!, y que solo me maquilla exteriormente, me da imagen pública, pero no privada. Nada es perfecto, pero en la vida uno debe tomar decisiones, ¡arriesgarse!, y sobre todo seguir las señales de la vida, su intuición personal, por consiguiente, y tomando en consideración lo que hemos hablado, a ciegas, sin elementos concretos, me pongo en las manos de quien me engendró, ¡mi padre!, aunque aún tengo mis resentimientos para con él y se lo digo de frente para que no haya malos entendidos.

—Espérate, mi querido doctor, no entiendo un coño —le dije—, explícate mejor, ¿quieres decir que te pones en nuestras manos para que hagamos contigo y tu familia un mundo mejor? —le pregunté.

—Sí, a ciegas, no conozco otra cosa que no sea mi mundo, ¿entendiste?

—Sí, claro que lo entiendo, tú no comprendes y no te has dado cuenta de que estas misiones fueron creadas y estudiadas al detalle para proporcionarles a todos los que opten por ella una imagen peor de sociedad y calidad de vida que las que ellos tienen en Cuba, por eso te designaron a un barrio como ese en calidad de médico, ¡sí! Pero rodeado de miseria y peligrosidad para que pensaras que ese medio donde estás ejerciendo tu profesión es igual en todas partes del país Venezuela, y no pensaras en desertar de la misión. Por eso también te quitan los documentos y te atemorizan con que no puedes salir sin ellos, porque caerías preso. Eso no es así, Venezuela es un país bello, alegre y con costumbres capitalistas y de buen gusto, con adelantos que mejoran tu calidad de vida, con edificios modernos y transportes colectivos que impresionan como es el metro subterráneo de Caracas, ¡una belleza! Los médicos aquí en Venezuela ganan una fortuna y viven como reyes, tú jamás podrás vivir así mientras estés en esa misión comunista. Dale cabeza a esto y manos a la obra que tu padre está dispuesto a sacar a todo lo que tú necesitas y amas en Cuba ¡Hay más mundo que ese donde tú naciste!

—Sí, ya lo sé —y observé que mi querido amigo Aguilar lloraba como un niño.

—Bueno, aunque este momento no es el más apropiado, debo decirte que lo primero que debemos hacer es documentarte, ¡no tienes papeles!, no puedes moverte libremente, sin restricciones, eso hay que resolverlo cuanto antes, ¿estás de acuerdo? —le dije.

—Estoy en sus manos, hagan lo que tengan que hacer, confío en ustedes —nos dijo.

—Hijo, nunca te vas a arrepentir de este paso que has dado, ¡te lo juro! —dijo el señor Aguilar con lágrimas en los ojos.

En ese momento el doctor Alejandro, hizo una pausa, su cara se transformó, y con una voz muy baja y tenue nos expresó:

—Hay algo que aún no ha quedado claro, y yo no fui todo lo sincero que debía ser, aunque si te dije a ti Emilio, que estaba casado desde hacía unos meses, ¿no es así?, y te dije además que mi esposa era médico también, ¿recuerdas? Ahora, lo que si no te dije, y de eso estoy seguro, es que mi esposa viene el mes entrante a cumplir misión, quizás eso no nos favorece en nuestros propósitos venideros —me dijo—. Lamento no habértelo dicho Emilio, pero aún no me lo habían confirmado de la Habana, de tu isla Zozobra.

Después de una pausa de unos minutos, donde disfrutamos de nuestros tragos y de la picadera que habíamos pedido, expresé:

—Eso que omitiste, lejos de perjudicarnos, nos ayuda en nuestros propósitos —le dije.

—¿Y eso por qué? —me preguntó.

—Por una simple razón, los puedo sacar a ambos para los Estados Unidos de una vez, y mucho más económico, ¿te gusta la idea? Mira Alex, voy a decirte algo, algo que quizás tú conoces o no has vivido, pero creo que debo decírtelo, y este es el momento, aunque quizás no venga al caso, pero te puede ayudar en tu análisis. Hace algunos años conocí a un señor muy ligado a mi familia que fue fundador del Partido Comunista de Cuba, y no solo eso, obtuvo condecoraciones laborales y militares, ¡medallas!, ¡diplomas!, y lo retiraron a sus sesenta años con un historial, una trayectoria laboral y política. Siempre se consideró un intocable, un privilegiado, claro está por sus méritos; sin embargo, su retiro no le alcanzaba para vivir, a pesar de recibir unas medallas y diplomas, y participar en conmemoraciones, casi no tiene que comer. Es considerado casi como un héroe de la República, pero vive, después de retirado, de trabajos míseros, por los cuales gana algún dinero; pero como no le alcanza, ese sustento para vivir, opta por hacer otro trabajo que nunca consideró ilegal, pero al final el gobierno lo acusó de ejercer un negocio ilícito, y aun siendo un héroe de la República, lo mandan a prisión por varios años considerándolo un traidor del pueblo, de la patria, del socialismo. Aún le quedan sus diplomas y medallas, pero de nada le sirven, ¡su familia y él se desmoronan! Hay una frase que alguien dijo, pero es real, y muy representativa: "El amor hace héroes, pero también hace idiotas". No caigas en eso —le dije mirándolo fijo a los ojos.

—De eso yo estoy claro, en realidad es así, como cuentas —me dijo, afirmando lo expresado por mí.

Alejandro estaba muy contento, muy optimista, disfrutaba del encuentro, de la reconciliación con su padre, de la perspectiva que se le abría, aunque cuando se hablaba de eso, arrugaba la frente un poco, todavía no estaba muy convencido; el señor Aguilar estaba muy intranquilo, pero feliz, su semblante había cambiado, solo sonreía, y su mirada era de un brillo intenso, irradiaba amor; de repente se paró de la silla y dijo:

—Propongo un brindis, y para eso voy a pedir una botella de champaña —y le hizo una seña al mesonero que se acercara.

—Hágame el favor, tráigame una botella de champaña, Don Perignon —dijo.

Alejandro no conocía esa marca de champaña, pero todos los que escuchamos el pedido, nos quedamos de una pieza, hasta el mesonero había hecho el día.

Brindamos por el encuentro, y en silencio también brindamos por el futuro que proyectábamos, aunque prácticamente de eso no hablamos seriamente en la mesa, habíamos acordado el señor Aguilar y yo reunirnos al día siguiente en mi apartamento, o en el hotel, para definir cómo iba a ser la operación.

Terminado el almuerzo, nos fuimos los tres juntos en mi carro, primero llevé al señor Aguilar al hotel, donde quiso que nos bajáramos para que Alex conociera el lugar; de allí, me fui derecho a dejar a Alejandro en su barriada, y al bajarse del vehículo le dije:

—Necesito verte mañana, solo unos minutos, ¿puedo venir en la tarde alrededor de las cuatro?

—Creo que sí, no hay problema, pero no tengo mucho tiempo a esa hora —me dijo.

—No, no, es solo cuestión de minutos, voy a comprarte un celular y necesito entregártelo, solo es para eso —le dije.

—OK, pero fíjate, no vayas a comprar uno muy caro, no me conviene esa honda aquí —me dijo algo consternado.

—Voy a comprar el más sencillo —le dije al mismo tiempo que me despedía.

Me demoré como una hora en llegar a la casa, la cola estaba complicada, era la hora de salida de los trabajos y todo el mundo quería llegar al hogar, ¡pero llegué!

Caía bien la champaña, esa noche dormí de una sola vez, de un tirón, como dicen en mi pueblo; me paré temprano al día siguiente, me fui a la oficina, pero antes de hacerlo llamé al señor Aguilar para concretar la hora que nos veríamos, quedamos que a las once estaría aquí. Así que de inmediato me fui a la oficina, recibí los mensajes dejados por la secretaria encima de mi escritorio, no eran muchos; sin embargo, había uno parecido al que me dejaron días atrás en el contestador de la casa, que no dejaba referencia ni nada, aunque en este caso, si aparecía un nombre, pero sin dirección ni número de teléfono. ¿Qué extraño verdad?

Cerca de la oficina compré el celular para Alejandro, tuve que esperar un tiempo para que lo activaran y hecho esto, me marché para la casa, ya casi era la hora acordada de cita con el papá de Alex, 10 y 45 a. m, linda mañana.

—¿Cuál es el plan que vas a seguir con mi hijo? —me dijo el señor Aguilar.

—Hay que documentarlo, no queda otro remedio, cédula y pasaporte, por supuesto venezolano, eso sí, son chimbos, ¿OK? —le dije.

—¿Qué es eso de "chimbos"? No entiendo.

—Que son falsos —le dije.

—Obviamente, pero pasan por legítimos —me dijo el señor Aguilar.

—Claro, si con esos lo voy a enviar para Miami —le dije.

—Perfecto, "échale bolas a los chimbos" —me dijo y se rio por usar esa expresión que tanto le gustó al señor Aguilar.

—Necesito saber exactamente cuándo viene su esposa, se me olvidó preguntárselo ayer —le dije.

—De todas formas, hoy voy a verlo a las cuatro o un poco después, le compré un celular, necesitamos estar comunicados, ¿no cree señor Aguilar?

—¡Ah!, se lo compraste, qué bueno, dame el número porque yo puedo llamarlo, ¿no es así?

—Por supuesto, todas las veces que quiera —le dije.

A una solicitud de él le dije lo que había invertido en el celular, y lo canceló de inmediato, en dólares, por supuesto, ¿a cuánto lo cambiaría en el mercado negro?, ¡ni idea!

Nos despedimos alrededor de la tres y algo más de la tarde el señor Aguilar y yo, le dije después de haberle dado el número telefónico de Alex que podía llamarlo en la noche, que consideraba que era prudente que fuera a esa hora. Se marchó en un taxi que agarró en la entrada del residencial.

No esperé mucho en mi apartamento, hice café y después de disfrutarlo con mi vista exquisita, emprendí mi camino al encuentro de Alejandro, el médico cubano que había entendido, "que hay más mundo que este".

Capítulo XVI

YA MANUEL, EL portugués me conocía desde que me vio asomar por la intersección, ya me estaba saludando, además le convenía, siempre gastaba algo en su negocio, poco o mucho, pero ingresaba algo en la caja registradora. Me bajé del carro, ya tenía más confianza en la zona, pedí un refresco y le dije a Manuel que me localizara a mi guardaespaldas, ¡lo necesitaba!

El lusitano me brindó una cerveza, ¡la acepté!, y me cayó muy bien; "el muñequito", que había sido llamado, llegó en solo pocos minutos, el cual pude observarlo cuando bajaba por esos callejones, me parecía más delgado aún. ¡Ya me estaba adaptando!

—No te me demores, localízame al doctor Alejandro y dile que lo espero donde su barbero, ¿me copiaste?

—Sí, sí entendí, en pocos minutos estoy allí —me dijo, ya casi era mi empleado.

Me costó trabajo localizar la casa del barbero de Alejandro, ¡pero lo logré!, no estaba muy lejos, tuve incluso la audacia de bajarme, tocar en su puerta, y decirle al barbero, sin conocerme, que me permitiera esperar al doctor cubano, a Alejandro, su cliente; ¡no demoró!, o al menos así lo sentí, atravesó el umbral, y saludándome efusivamente me dijo:

—¿Estás bien? —me dijo.

—Muy bien —le dije, y agregué—, todo marcha a la perfección, no te preocupes.

Sin más dilación, le hice entrega de su equipo telefónico, le expliqué su funcionamiento, se lo probé, y le dije:

—Tu padre te va a llamar esta noche, después de las ocho, ¿OK?

—Sí, no hay problema, siempre que me lo avises, para estar prevenido, ¿no crees? Esto es jodido con este régimen, mi querido amigo, y no me la puedo jugar, ni con Chávez ni con nadie, ¿lo entiendes?

—No hablemos de eso, lo entiendo perfectamente, te comprendo, y estoy de tu lado, pero no te obsesiones, ni recibas señales equivocadas que te hagan perder la compostura y tus intenciones finales —le dije.

—*Bye, bye* —le dije al despedirme.

En esa semana que acababa de comenzar, hice tantas cosas desde la oficina, con solo una breve estancia en ella, hasta mis pequeños detalles de vida privada, que hasta me olvidé un poco de mi querido doctor "tormenta", que aunque reportaba mucha plata y había que solucionar sus conflictos ideológicos, me podía acarrear muchos problemas también.

Al día siguiente, y como para no dejarlo de la mano, o abandonado, me fui a primera hora de la mañana a ver a mi querido Isidoro, mi suministrador de "libros", originales; yo detestaba ir al centro, y siempre que tenía que hacerlo, mi medio de transporte era el metro, en carro era obstinarse, así que ese día me vi ubicado en uno de los vagones del metro, como sardina enlatada entre una señora gruesa de unos 80 kilos, un señor alto de brazos musculosos y una catira de poco menos de veinticinco años que aplastaba su morral contra el señor atlético para evitar que rozara otra cosa con ella. A mí me tocó la señora gruesa, que lo mismo le daba el roce, considerando que apenas llegaba a donde pudiera causar efecto; la grasa lo impedía, en este caso no resbalaba, pensé yo.

Abandoné el metro en la estación Capitolio, todo arrugado, a solo dos o tres cuadras de la DIEX; otra de las cosas que no soportaba del centro eran los buhoneros, aunque no dejo de reconocer que con sus ventas de mercancía, solucionaban muchos problemas a la sociedad. No obstante, eran demasiados comerciantes informales establecidos en un mismo lugar, aunque uno siempre se entretiene, y va mirando todo lo que se vende en esos quioscos. Otros de los problemas del centro, es que allí se concentraban los mendigos también, los hombres, las mujeres y los niños sin techo, sin presente, sin futuro, y los nuevos marginados de la sociedad, los malabaristas circenses del tránsito; esos que al menos, trabajaban u ofrecían algo, por lo cual pedían una colaboración. Esa fue una modalidad nueva que surgió junto con el gobierno actual del presidente Chávez. Apenas me percaté que ya estaba en la puerta principal de extranjería, casi sigo de largo sumido en mis pensamientos marginales; traspasé la reja de hierro de la puerta principal, agarré el pasillo central, y al final a la derecha me acerqué al mostrador y pregunté por el funcionario Isidoro.

—No ha llegado aún —me informaron—, pero no debe tardar, si usted quiere, siéntese y espérelo.

—No, regreso en una hora aproximadamente, supongo que ya esté aquí, ¿no cree? —le dije.

—Sí, seguro, él apenas sale de aquí —me dijo.

La DIEX estaba rodeada de cafeterías y cafetines, así que escogí uno de ellos y me senté a tomarme un café marrón; compré el periódico y me dispuse a pasar la hora allí, debajo de uno de esos ventiladores viejos, pero buenos, que refrescan el ambiente. Con tantos cuerpos y páginas en la prensa, la hora transcurrió, sin poder terminar de leer la prensa, solo pude hacerlo con las noticias más importantes, las del primer cuerpo.

Me fui de regreso a extranjería, y efectivamente, allí vi a mi amigo Isidoro a través del mostrador, me vio antes de que llegara al mismo, me hizo señas que me sentara y lo esperara; me senté y agarré el segundo cuerpo para entretenerme, ¡a lo mejor demoraba Isidoro! No fue así, enseguida se desocupó y salió a mi encuentro.

—Ya sabes a qué vengo —le dije—, pero esta vez, necesito dos libros y dos cédulas, pero una de las cédulas puede esperar, la persona aún no ha llegado de mi querida Zozobra —le expresé.

—Pasado mañana te lo puedo dar todo, aunque sabrás que eso subió de precio, aquí nada baja "pana" —me dijo.

—¿Cuánto más? —le pregunté.

—Muy poco, sesenta mil bolos más —me dijo—, claro por cada uno, ¿entendiste?

—Sí, por supuesto, pero originales y nuevos, no usados, ¿verdad? —le pregunté-.

—Claro mi pana, yo no vendo cosas usadas ni chimbas —me dijo.

—Bien trato hecho, vengo pasado mañana a esta misma hora, ¿te parece bien? —le dije y me despedí.

—Dale, pues —me dijo y entró a su oficina.

Caminé bordeando todo el Palacio de Justicia, y aunque sabía que la caminata era larga, decidí hacerla hasta el hotel Caracas Hilton, donde después de salir de la DIEX, contacté con el señor Aguilar diciéndole que me esperara, que ya iba en camino al hotel. Esa mañana era soleada y el calor era insoportable, aunque yo llevaba una ropa bastante ligera y holgada. En tan solo veinte minutos llegué al hotel, algo sudado, pero en cuanto crucé el umbral de su puerta principal, su aire acondicionado comenzó a hacer las funciones para lo cual había sido concebido, ¡me refresqué!, ¡qué alivio! Me senté en el lobby a esperar que bajara el señor Aguilar, el cual llamé desde la recepción.

No hizo más que llegar, y después de estrecharme la mano, me dijo:

—¿Qué te parece si nos vamos a almorzar?

—Por mi encantado —le dije—, pero no aquí, salgamos a cualquier otro restaurante.

—Estoy de acuerdo —me dijo—, pero decídelo tú, no conozco ninguno, ni cerca, ni lejos —me dijo.

—OK, agarremos un taxi —le sugerí.

Fuimos a parar a un restaurante chino cerca de la Plaza Altamira, muy acogedor y económico, y allí, bebiéndonos unas cervezas, le dije a mi querido amigo lo que ya tenía conseguido para documentar a sus hijos, Alejandro y Verónica. Noté al señor Aguilar muy animado, muy optimista y esperanzado con lo que se estaba gestando a favor de la unión familiar.

—¿Tú crees que pueda viajar unos días a los Estados Unidos? —me dijo, y agregó—: Tengo asuntos que resolver allá, aunque eso solo me demorará unos pocos días, quizás una semana, diez días a lo sumo.

—Claro que puede, recuerde que hay que esperar por su nuera, aún está en Cuba–Zozobra —le dije-

—Sí, cierto, esta noche voy a volver a llamar a Alex y le diré que en una semana regreso, que cualquier necesidad que tenga te la comunique —me dijo.

—De acuerdo, de todas formas este fin de semana que viene pretendo verlo, si él puede por supuesto —le dije.

—OK, mañana me voy, en el primer vuelo si es posible —me dijo y alzó el vaso de cerveza—, ¡brindamos!

Nos despedimos esa tarde, el señor Aguilar me entregó unos dólares con los cuales sufragaría los gastos de documentos de Alex y Verónica; me dejó un remanente por si su hijo necesitaba algo durante su ausencia.

Llegué a la casa y me preparé un trago, me senté como siempre en mi deseado ventanal telescópico, la puesta del sol ofrecía una imagen bella, exuberante, llena de colorido y esperanza, allá donde el Ávila se perdía al alcance de mi vista, donde la montaña se fundía con la Cota Mil, los rayos del sol ofrecían un paisaje muy difícil de borrar, qué belleza de país. El sol descendía en el horizonte, y de atrás de la montaña, los rayos del sol tomaban un color rojo amarillento que dejaban ver como en sombras esa parte de la ciudad, y en la medida en que esto ocurría, la oscuridad iba cayendo dando paso a las luces artificiales de la autopista que iluminaban la ciudad; mi vista se recreaba con este atardecer, no queriendo que desapareciese, pero en minutos desapareció; atardecer caraqueño, suramericano, jamás pensé que disfrutaría de él, ¡nunca lo imaginé!

La vida tiene cosas caprichosas, analizaba el caso del doctor Alejandro Aguilar, y de verdad pensaba en lo que siempre he creído, que todo está escrito, *Maktub*; esta palabra la escuché por primera vez en una novela televisiva brasileña, después se repitió en mi vida, en libros, escritos de prensa, casi con una frecuencia que daba que pensar, como para que no me olvidara de esa palabra árabe, que siempre la tuviera presente a cada instante, y en el caso de Alex, veía que realmente el mundo se movía por unos hilos invisibles que unen nuestros pasos, nuestros destinos, nuestras vidas. Alex dejó de ver a su padre a los dos años, y ya sobrepasaba los cuarenta, no supo nada más de él, lo crio la madre y la familia por parte de ella. La dictadura comunista lo moldeó a su antojo, le determinó su vocación, y estudió medicina, ¡y se hizo doctor!

Pasaron los años preguntándose en silencio y recordando sin quererlo, si su padre estaba vivo o no, pero en su subconsciente lo anhelaba, necesitaba noticias de él, buenas o malas, no importaba, ¡pero noticias!; se ofreció, con el único propósito de mejorar su vida y la de su madre para brindar sus servicios de medicina en las misiones venezolanas creadas por el gobierno de turno; llegó aquí, sin saber a dónde iba a parar, confió, y lo asignaron en un barrio, y como todos los barrios, resultaba muy peligroso, pero se adaptó; no le importó, ya había hecho su compromiso, pero más que con la patria, lo había hecho con su propia familia que dependía de él para lograr otro estatus de vida.

Jamás había visitado otro país, nunca había estado fuera de Cuba, ni tan siquiera fuera de los límites de su ciudad natal, pero él sabía que había más mundo que ese; y notó la diferencia entre su ciudad y el barrio, palpó las diferencias entre la gente y pudo darse cuenta y medir la libertad entre ambas sociedades; había cosas buenas y cosas malas, como en todas las sociedades del mundo, y entonces quiso descubrir si había más mundo que ese donde ofrecía sus servicios, se aventuró, recorrió la ciudad, hasta donde se lo permitieron, aún arrastraba las "cadenas", de su régimen dictatorial donde siempre le inculcaron que el capitalismo era lo peor, y anduvo con sumo cuidado, solo observaba, lo analizaba todo, pero no sabía qué hacer, no sabía volar, era como el pajarito que nace y se cría en una jaula, y cuando tomas la decisión de soltarlo y darle la libertad, no sabe qué dirección tomar, se proyecta con los objetos que encuentra en su vuelo, no es capaz de medir la distancia entre ellos hasta que choca y pierde la vida.

Así estaba mi querido Alejandro, y sabía que debía tomar una decisión, y debía aprender a medir y diferenciar para mejorar su vida y la de su familia; su intuición y las señales del destino así se lo mostraban, esa voz interna se lo expresaba a diario, y se preguntaba: "¿Por qué será que todo conspira para que tome una decisión y cambie mi vida?". Una y mil veces se hizo esa pregunta, una y mil veces sopesó la situación, hasta que sin pensarlo, sin esperarlo, apareció su padre; eso, eso que le faltaba, ese apoyo, ¡llegó!, pero, ¿por qué?, porque estaba escrito, formaba parte de su destino, de lo que tenía que cumplir antes de dejar esta vida, y sabía que hay un tiempo para cada cosa, por eso hay "un tiempo para buscar y ganar, y otro para perder". Por eso en nuestro último encuentro lo noté más animado, porque sabía que estaba realizando aquello que tenía trazado.

Como había quedado con Isidoro, me fui a verlo el día que acordamos, en efecto, ya tenía los documentos que le había solicitado; como siempre me entregó un sobre amarillo, y en un sobre de cartas, le pasé el dinero por su gestión. Ahora solo faltaba conocer cuándo la esposa de Alex vendría para proceder a confeccionar ambos pasaportes; no había apuro, necesariamente había que esperar por Verónica, tenía que retratarse, al igual que Alex, pero ella no estaba aquí. En cuanto llegué a la casa le hice una llamada a Alejandro, le pregunté si en la tarde podía ir a verlo, a la casa del barbero, y me dijo que era posible, alrededor de las seis de la tarde: "No te exhibas mucho, los segurosos están alborotados", me dijo.

Tomé todas las precauciones conocidas para llegar hasta la casa del barbero, y como siempre, lo hice con mi amigo el "muñequito", el cual al llegar nos dejó solos al médico y a mí en la sala de aquel rancho.

—¿Cómo has pasado estos días? —le pregunté a Alex.

—Bien, con mucho trabajo, hasta tuve un herido de bala que después falleció en el hospital a donde lo trasladamos —me comentó.

—Mira Alejandro, ya tengo los pasaportes, el tuyo y el de tu esposa, tienes que sacarte una foto de pasaporte y otra de cédula —le dije.

—A propósito, hablé con mi esposa ayer en la noche y me comunicó que a lo sumo demoraría diez días en llegar, así que ya tenemos la fecha; por otro lado, estoy haciendo las gestiones con la embajada y con los dirigentes venezolanos de salud para que me la ubiquen aquí en Caracas, lo más cerca posible de donde me encuentro, vamos a ver si lo logro —me dijo muy poco entusiasmado.

—No te preocupes mucho por eso, claro que sería conveniente que la ubicaran aquí en la capital, pero en cuanto a la cercanía contigo, no es necesario, no van a demorar más de una semana en largarse de aquí —le dije y agregué—: Vamos a esperar entonces que llegue tu esposa, para que se tomen juntos las fotos y resuelvan lo que falta, ¿OK?

—¿Tú estás seguro de que eso demoraría solo una semana? —me preguntó.

—Lo estoy —le dije y pude observar como la cara se le llenaba de alegría, de esperanza y de interés por la vida.

—¿Y tú estás seguro de que quieres irte a reunir con tu padre? —le pregunté.

—Coño claro, yo quiero seguir viendo el Sambil, y no la miseria esta, donde los días terminan a las diez de la noche, ¿no crees? —me dijo riéndose.

—Así es, bueno, ya casi es de noche, y aunque esté con mi amuleto, no quiero quedarme hasta tarde en estos parajes —le dije, me levanté, le di un abrazo y salí de una vez de aquel lugar.

Ese día me libré del mercadito, quien estaba en la bodeguita parecía ser la esposa de Manuel, pero de todas formas le di una plata a mi guardaespaldas, agarré de una vez la autopista y en solo minutos estaba en casa. Desde que llegué me fui derecho al baño a tomar una buena ducha, puse en el equipo de sonido una música instrumental que me ayudara a relajarme, estuve más del tiempo acostumbrado en la regadera meditando en todo lo que había hecho hasta ahora, y en lo que faltaba por hacer. Al salir del baño ordené una pizza a domicilio y demoró mucho más de lo que me imaginaba, pero bueno, al final llegó, la cual disfruté mientras veía un programa televisivo de noticias el resumen de la semana, lo más importante.

Venezuela mostraba un panorama aterrador, cuarenta y cuatro muertos diarios por asesinato, ajuste de cuentas, robos a mano armada, y lo que no se dice, diferencias políticas e ideológicas que terminaban en enfrentamientos callejeros; la miseria en las calles, sobre todo del centro, era algo que asombraba a quienes conocieron Caracas en la década de los años ochenta; la comparación nos hacía pensar lo poco que había logrado el régimen socialista y popular en materia social; la salud, que tanto alabé con mi llegada a Venezuela, y me refiero a la salud pública, la de los hospitales, había empeorado, lo suficiente como para colapsar, en hospitales de la capital las huelgas y protestas aparecían por doquier, hasta en los sectores más populares y marginados; la diferencia y la división social, se apreciaba por igual en la calle que en los noticieros televisivos, donde, por un lado, se mostraban las imágenes de cómo día a día se desmoronaba la infraestructura social, y como se degradaba la sociedad, y por otro, con los altos precios del petróleo, la clase gobernante, la clase pudiente ahora en el poder, hacia derroches de riqueza y expansión social.

Cómo un presidente se jactaba en sus discursos de lo que no era capaz de materializar; cómo nos anunciaba su guerra mental con los gringos, que esa guerra mental era peor que una guerra física, la cual podía durar días, meses o años, no importaba, pero terminaba algún día, la guerra mental comunista contra los yanquis no tiene fin y daña el cerebro de la población, de los ciudadanos. Me concentré lo suficiente como para no acordarme que debía haber llamado al señor Aguilar a Miami. Lleno como estaba de la pizza, me quedé dormido en el sofá de la sala y me desperté con la brisa fresca de la madrugada, sentí frío y me fui derecho al cuarto. Ya era muy tarde para llamar a Miami, pensé. Lo haría a primera hora de la mañana.

Me levanté muy temprano, antes de que saliera el sol, serían las cinco y treinta de la mañana; me coloqué mi mono de ejercicio y mis tenis, y bajé de una vez a caminar, esa era la hora indicada para hacerlo; la brisa fresca y húmeda del amanecer me revitalizaba me abría los poros de todo mi cuerpo y dejaba que entrara la energía por todo mi ser, lo cual me ayudaba a realizar mis labores diarias con más ímpetu y decisión. A la hora subí, me duché con agua bien caliente y fría, como acostumbraba a hacerlo, me froté el cuerpo con una toalla, hice café, y de inmediato agarré el teléfono y dizque el número del señor Aguilar en Miami, era algo temprano aún, pero después quizás me complicaba y me iba a ser imposible conectarme con él, además de que corría el riesgo de que el padre de Alex estuviera reunido, era un hombre muy ocupado.

—¡Aló!, señor Aguilar, ¿cómo está usted? —me reconoció la voz, lo noté—. Sí, ya te reconocí la voz, ¿qué pasó? —me dijo.

—Nada, no se inquiete, lo llamé a esta hora previendo las complicaciones del día y el no podernos comunicar —le dije.

—¡Ah!, qué bueno, me asusté, pensé que había surgido un contratiempo, pero si no es así y todo marcha bien, dime en qué puedo ser útil —me dijo.

—Solo quería informarle que ayer estuve con su hijo y le dije que ya tenía los libros de ellos, que solo faltaba esperar que llegara su esposa, y que eso sería aproximadamente en unos veinte días, o sea señor Aguilar, que si todo sale a pedir de boca, en un mes lograremos nuestro objetivo —le dije sin hacer mención a nada que nos comprometiera.

—Bueno, eso me reconforta, esta noche pienso llamarlo, hace días que no hablo con él —me dijo.

—Manténgase tranquilo que yo lo vuelvo a llamar en el transcurso de la semana —le dije y me despedí.

Los días transcurrían a una velocidad espantosa, era como si el tiempo y todo el universo se confabulara con la salida de los médicos; cada dos días más o menos tenía noticias de Alejandro, y cuando podía me daba noticias de su esposa y de lo cerca que estaba ya de su venida, que había logrado que la dejaran en Caracas, pero que aún no conocía el lugar, a pesar de lo que le había expresado, seguía preocupado por lo de la ubicación de Verónica; no es menos cierto que todos los cubanos que salen por primera vez del terror comunista, se conducen por un tiempo con el mismo temor que tenían en la isla. Son muchos años de represión social, de carencia y de falta de libertad de expresión y de acción, son muchos años de avasallamiento popular como para desprenderse de eso tan fácilmente; Alex lo llevaba bien acentuado en su carácter y desenvolvimiento social; "La Gran Estafa" (el comunismo), lo había golpeado crudamente.

Tuve noticias del señor Aguilar un par de veces durante ese tiempo, antes que llegara Verónica, la esposa de Alex, la doctora que vino sin que nadie la esperara, ni tuviera conocimiento de que venía; así son las cosas en mi querida "Zozobra", según me contó la doctora, la orden del Ministerio de Salud le llegó de un día para otro y le habían fijado su vuelo a Venezuela al día siguiente, o sea que todo fue de correr y correr, no pudo lograr la comunicación con Alex desde la Habana, estaban congestionadas las líneas telefónicas, así que sin pensarlo, tomó el avión y aterrizó en Maiquetía, justamente a los catorce días de lo que había previsto su esposo. La trasladaron al Ministerio de Salud venezolano y desde allí hizo una llamada a su esposo, que sorprendido, abandonó su consulta barrial y fue a buscarla. ¡Qué alegría!, ¡qué reencuentro!, y qué sorpresa para mí, que tampoco esperaba fuera así. Me enteré en la noche cuando sigilosamente Alex me llamó desde su celular, y me dio la noticia, estaba eufórico, apenas podía creerlo, pero lo había logrado.

A pesar de la premura de la llamada, Verónica me saludó, le di la bienvenida, pero si le noté que hablaba como si la estuvieran escuchando, como si la línea estuviera intervenida por el gobierno o la seguridad del Estado; ¡qué horror!, retornar a esos recuerdos del pasado, pensé yo. Quedamos en que nos comunicaríamos máximo en dos días para emprender los trámites y lograr lo que nos proponíamos, le manifesté que en la noche llamaría a su padre y le pediría que no estableciera de nuevo comunicación alguna con ellos, era peligroso, que solo se limitara a esperar, a rezar y a tener fe porque se lograra la unificación familiar. En la noche, alrededor de las nueve, me comuniqué con el señor Aguilar, el cual a esa hora se disponía a llamar a Alex, lo intercepté justo en el momento preciso y se alegró, no quería ocasionar trastornos que pudieran perjudicar la operación, y le dije:

—Aguilar, ya falta poco, ten paciencia.

—Dios te oiga —me dijo y pensé que estaba pesimista ese día, algo no le había salido muy bien.

—Me va a escuchar —le dije—, estoy seguro de ello —me despedí y escuché del otro lado.

—*Bye, bye* —se despidió de mí el señor Aguilar.

Es muy duro estar solo, y sobre todo cuando se tiene esa edad, que aunque no es muy avanzada, ya los años comienzan a pesar.

Hacía un calor insoportable y decidí darme una ducha, saqué de la nevera lo que iba a cenar y me dispuse a darme un buen trago de vodka con jugo de naranja; me senté en mi sitio preferido y dejé que la mente viajara y escudriñara en mi cerebro lo que en ese momento quisiera recordar; extenuada como se sentía, rememorando todo lo ocurrido durante el día, incluyendo la llegada intempestiva de la doctora, pase a un estado de reposo envidiable, sereno, reconfortante que oxigenó mis neuronas y alimentó mis lóbulos cerebrales preparándolos para dar cabida a nuevas imágenes y pensamientos. Entonces surgió en mi mente la imagen de ese niño, de ese niño que accidentalmente conocí en Cuba, en una casa que visité porque me llevaron, ese niño que me recibió y me preguntó:

—¿Usted es extranjero?

—No hijo, soy tan cubano como tú, lo que sucede es que vivo hace muchos años en Venezuela, y todos piensan que soy extranjero —le contesté.

—Entonces no me puede ayudar, yo necesito un extranjero que me ayude —me dijo.

—A lo mejor, lo puedo hacer, quizás puedo ayudarte, ¿no crees? —le dije.

—No lo creo, debe de ser un extranjero, por lo que les he escuchado a mis padres —me dijo.

—Si no quieres decírmelo, no te puedo ayudar, ¿no crees?

—Bueno, pero lo que pasa es que lo que yo quiero decirle, y que solo debo hacerlo con un extranjero, le puede perjudicar a mis padres, si alguien se entera puede costarle hasta que lo despidan del trabajo y quedarnos sin comer, hasta que lo lleven preso, ¡sí!, eso me dijeron mis padres, por eso solo debo decírselo a un extranjero que no me va a perjudicar.

—Díselo Ramirito, él no te va a perjudicar —le dijo su madre al escucharlo.

—¿Seguro, mamá?, mire, yo solo quiero que usted me ayude a sacar del país a mi papá, él no puede seguir viviendo aquí, puede traerle problemas y disgustos, no le gusta el gobierno ni los que lo mandan en su trabajo, ni puede ver a Fidel cuando sale en la televisión, ya ni sale a pasear, no se distrae, ni ve la televisión, dice que todo es propaganda comunista; solo escucha una emisora que tiene el nombre del apóstol, Radio Martí, que siempre (según mis padres) dice la verdad, y que transmite desde la "yuma". Yo no quiero que mis padres se divorcien por culpa de este sistema de horror y están al punto de hacerlo, todos los días discuten por lo más mínimo y eso es gracias a los problemas sociales que confrontan, falta de comida, de distracciones, de trabajo estable, etc., ¿me entendió?

—¿Qué edad tienes tú? —le pregunté.

—Once años, ¿me puedes comprar algún juguete?, de esos que venden en la diplotienda —me dijo.

—Claro que sí, sabes, eres muy inteligente, y te voy a decir algo, voy a tratar de ayudar a tus padres para que se vayan de aquí, pero no se lo digas a nadie, los puedes perjudicar, ¿OK?

Me levantó la mano y me dijo:

—Prometido, lo juro —y chocó su mano con la mía.

Pero me fijé en sus ojos, qué sorpresa, ni me lo podía imaginar, hasta me sentí igual, lloraba, lloraba como lo que era, un niño, un niño traumatizado, recordé mi infancia, fue parecida y sin definición. En esta isla Zozobra todos los días son iguales, y todas las personas se conducen igual, nada cambia. Derramé unas pocas lágrimas que oculté, las disimulé todo lo que pude, las limpié y disimulé con mi pañuelo de medio lado, el cual apreté en mi mano sin que nadie me viera, ¡lo hice!, como tenía que hacerlo, sin arrepentimiento, como me lo orientó mi alma, mi propia vida; volví a llorar, una vez más, y sin que pudiera pasar mi pañuelo por mi rostro, no me importó, lo asimilé doblemente, por mi condición de hombre y por mi condición de ser humano disidente político. Amo mi país, mi conducta y mi trascendencia, ¡lo admiro!, ¿y por qué no?, admiro la sencillez con que ese niño me pidió desesperado que lo ayudara, quería ver a su padre y a su familia feliz, ¿qué más puedo hacer?

Esa tarde pasé a buscar a Ramirito y lo llevé a la tienda, como le había prometido, le compré dos juguetes y una pelota de goma, qué sencillo, ¿verdad?, cuando la tuvo en su mano me hizo el siguiente comentario:

—Hoy si voy a jugar pelota, las que tenía eran de papel y cartón. Señor Emilio, ¿en esta tienda se va a filmar alguna película? —me preguntó.

—No creo, ¿por qué me lo preguntas?

—Porque siempre que veo una tienda llena de cosas me recuerda lo que un amiguito de la cuadra me dijo una vez, "que las tiendas que salen en las películas americanas, no son reales, las llenan de cosas solo para la filmación de la película", ¿es verdad eso? —me dijo.

—¿Y los padres de tu amiguito son comunistas? —le pregunté.

—Sí, es el hijo del presidente de la cuadra, del Comité de Defensa de la Revolución (CDR), ¿sabes lo que es?

—Sí, claro que lo sé —le dije cuando ya salíamos de la tienda.

Esa es la propaganda comunista que circula entre los que nunca han vivido un régimen democrático capitalista, expresando cosas como las que me narró Ramirito, dando a entender que en el capitalismo no existen bienes de consumo, que tiendas como esas solo existen y se llenan para filmar las películas, ¡qué horror!, y pensé: «Si este niño algún día llega a alcanzar la libertad, hay que irle mostrando las tiendas poco a poco para que no sufra un shock». Volví a llorar al recordar de nuevo mi conversación con el niño durante mi breve estancia en Cuba.

Me levanté de una vez, mis pensamientos me habían deprimido, me jugaron una mala pasada, ni terminé mi trago, lo dejé encima de la mesa. Mientras me fui despojando de las ropas para ducharme, encendí la tele para escuchar las noticias desde el cuarto de baño, agarré una afeitadora nueva desechable y me recordé que en mi época de adolescente me afeitaba con unas cuchillas rusas que le decían "lágrimas de hombre", arañaban la piel hasta que le producían cortadas en la cara, y para frenar el sangramiento colocábamos pedacitos de papel toilette en las heriditas. Habían pasado muchos años ya de mi encuentro con Ramirito, ¿cómo se estaría afeitando?, o, ¿tendría barba? Vaya usted a saber.

Terminé de ducharme y me tumbé en la cama, ni cené, solo necesitaba dormir, y fue lo que hice.

Capítulo XVII

AL INICIO DE la semana y bien temprano en la mañana, recibí una llamada de Alex, donde me indicaba que a su esposa la habían ubicado en un lugar nombrado La Dolorita, que quedaba en la carretera Filas de Mariche, perteneciente al Estado Miranda, eso era precisamente lo que Alex necesitaba conocer, y si era viable la zona. Le comenté que relativamente él y ella estaban cerca y le di una breve explicación de la ruta, ya que al día siguiente debía acompañarla al sitio indicado. Al final casi de la conversación me manifestó que si podíamos ocupar un espacio del día en tomarse las fotografías que requería para los pasaportes de ambos; acordamos encontrarnos en la entrada de Makro a eso de las once de la mañana; tenía tiempo aún, eran las nueve y cuarenta y cinco.

Llegué a Makro con suficiente tiempo como para poder recorrer su interior y hacer una que otra compra; a la hora acordada me trasladé hasta la entrada, allí estaban los esposos médicos disfrutando de su reencuentro, casi ni cuenta se dieron de mi llegada a su lado, así es el amor, pensé.

—¿Ella es Verónica? —le dije al mismo tiempo que me colocaba a su lado.

—Sí, señor Emilio, ella es Verónica, mi esposa, al fin llegó —me dijo.

—Mucho gusto, doctora —le dije al mismo tiempo que estrechaba su mano.

—Encantada, pero no me trate de doctora, solo Verónica —me dijo muy familiarmente.

—Bueno, si quieren entrar y recorrer este mercado, podemos hacerlo, si no, aprovechamos y vamos a lo nuestro —le dije—, quiero también aprovechar y llevarte primero al lugar donde ubicaron a tu esposa, si me lo permites.

—Claro, por supuesto —me dijo Alex y agregó—, vamos de una vez.

Salimos de Makro y le fui enseñando a Alejandro la vía para agarrar la carretera de Filas de Mariche, le enseñé los puntos de referencia, como la Universidad Santa María, una que otra ferretería muy conocida, el motel recientemente inaugurado a la entrada de la vía y la urbanización que quedaba casi enfrente de la Universidad; la doctora estaba encantada con el paisaje, hasta que irremediablemente nos adentramos más en la vía donde comenzaron a aparecer los ranchos a ambos lados de la carretera, que por cierto, se habían incrementado en los últimos tiempos, hasta algunos negocios privados habían desaparecido, y en su lugar, se construyeron algún que otro rancho. La carretera también había sufrido sus cambios, y aunque no era intransitable, la cantidad de huecos que se observaban en la misma la harían intransitable en poco tiempo si no se le daba mantenimiento de inmediato; el paisaje ya no ofrecía el verdor aquel de sus árboles a ambos lados de la vía, más bien, lo habían sustituido el polvo y la deforestación, sin embargo, esa impresión mejoró un kilómetro antes de la entrada para Turumo, frente al módulo policial, los negocios de esa parte se conservaban en mejor estado; después del estadio deportivo, agarramos a la derecha, y al toparnos con la iglesia, detuve el vehículo y me dirigí a Verónica:

—Aquí ya estamos en La Dolorita.

—Pero esta zona no es muy buena, ¿no es así?

—Ni tan, o sea ni tan buena, ni tan mala, más bien mala —le dije, y agregué—, escucha bien, aquí en Venezuela siempre hay que transitar con los ojos abiertos, independientemente de la zona donde te encuentres, quieras o no, ¿entendiste?

Verónica era una mujer blanca, de piel, catira, de pelo largo, rubio, cuya fisonomía delataba que era extranjera, lucía muy bien a pesar de que aún cargaba la ropa cubana fuera de moda y de época.

—Sí, entendí, ya lo veo, ¿cuándo nos vamos para los Estados Unidos?, esto no me gusta —me dijo.

Con esa pregunta comprendí que ya Alex había conversado con ella y por su pregunta estaba de acuerdo con la decisión de su marido.

Esa mañana era día de mercado popular, y la afluencia de personas al mismo hacía ver la zona y su composición social, demostrando la miseria que había en ese barrio, esto impresionó mucho a la doctora, que incluso llegó a expresar que en Cuba no había zonas así; esto no es del todo cierto, la Timba, Palo Cagao, el Hueco de la Lisa, etc., eran lo peor, lo que ocurría es que ella era de una buena zona de la capital cubana, ¡he ahí la diferencia!, y que por las características geográficas, aquí en Venezuela, los barrios, o sea los ranchos, se construyen en la zona montañosa, lo cual es imposible de ocultar y en Cuba como todo es llano, se disimula bastante el barrio. Le hice un bojeo a La Dolorita, tratando de mejorar un poco la imagen inicial, ¡no lo conseguí!

Salimos rumbo a un centro comercial, lo cual no fue difícil, nos fuimos al Sambil, el cambio fue muy brusco, perdió el habla, hasta que mezclada con asiduos visitantes del centro comercial, nos dijo:

—Esto es, en comparación con el lugar donde voy a trabajar, como del día a la noche.

—Así es, y no es el único que puedes visitar —le dije—. Por cierto, y hablando como los locos, ¿te quitaron el pasaporte cubano?

—Sí, de una vez al llegar, ando indocumentada —me dijo.

Por otra parte, Alex me recordó que no se me olvidara que ellos no podían aventurarse tanto por la ciudad, que les estaba prohibido, él no sabía por qué; sin embargo, le volví a aclarar que el gobierno tenía miedo de que se le fueran para otro país, tanto fronterizo como por vía aérea hacia los Estados Unidos, le dije a la doctora que en Miami ya existía una comunidad de Barrio Adentro, y que ese era precisamente el temor de los oficialistas, o sea del gobierno.

Respeté el temor de los esposos, fuimos derecho a la fotografía donde ambos se retrataron, tanto de pasaporte como de cédula; Verónica se sorprendió al ver que nos dieron las fotos al momento: "Y tanto que se demoran en mi país", me dijo al salir. Les di un recorrido por la ciudad, lo cual benefició un poco para calmar la preocupación de Alex; estaba eufórico, contento de estar al lado de su media naranja. Ya tenía otra cara, había mejorado su estado de ánimo, y se le notaba más optimista, ¡lo que hace el amor!, ¿no creen?

Los dejé en la misma esquina del barrio, en el abasto de Manuel, ya allí estaban seguros, todos conocían al doctor y lo respetaban, me despedí con la promesa de que en cuanto tuviera los documentos, se lo haría saber, y fijaríamos entonces la fecha de la partida al reencuentro con su padre.

Esa noche apenas dormí, siempre que se acercaba cualquier tipo de operación de salida del país de cubanos, y ahora con este gobierno venezolano, me alteraba considerablemente, y más aún, conociendo como operaba el régimen de la Habana respecto a quienes se le atravesaban en el camino, y ya yo había tenido una advertencia por parte de un funcionario de la embajada cubana; había que cuidarse. Bien temprano, sin salir el sol aún, salí del apartamento rumbo a la Guaira, la mañana estaba fresca, el reloj de la autopista indicaba 20 grados centígrados, eran las cinco y treinta y dos minutos; Olga Tañón, la cantante puertorriqueña estaba dando unos conciertos en el país, por eso se escuchaba con frecuencia en la radio.

Disfrutaba de una de sus canciones cuando a través del espejo retrovisor del vehículo observé como se acercaba un carro a toda velocidad, cada segundo la distancia se hacía más corta y podía detallarlo mejor, era un carro viejo, de finales de la década de los ochenta, un Ford, modelo Sierra de color amarillo, intenté acelerar mi vehículo, pero resultó imposible, solo conseguí desplazarme fuera de su alcance por tan solo unos pocos segundos, el impacto fue inevitable, sentí el golpe en mi nuca y vi como el vehículo perdía el control y su dirección, el choque me empujó hacia el hombrillo donde colisioné contra el muro de contención, allí me detuve. Traté de inmediato de recuperarme, pulsé el botón para quitar mi cinturón de seguridad, abrí la puerta y descendí del vehículo con cierto dolor en el cuello y medio aturdido aún, caminé en dirección al carro que me había colisionado, que se había quedado unos cincuenta metros detrás del mío, y del cual nadie había descendido, preocupado por el conductor me esforcé por llegar, cuando ya me encontraba un poco más de la mitad, el Sierra amarillo arrancó a toda velocidad e intentó atropellarme en su fuga.

Medio consternado como estaba y aturdido, me lancé de cabeza contra el muro de la autopista, alcanzando solo a ver pasar la parte trasera del carro, no tenía placas, y no alcancé a ver al conductor; me senté allí, con mi espalda apoyada al muro, traté (lo cual no conseguí) de relajarme, medité atropelladamente en mi cerebro convulsionado por lo ocurrido, tratando de buscar una idea, una excusa, un motivo por el cual se había producido ese impacto, el cual había sido inexplicable por completo. A esa hora no había tránsito en la autopista, estaba totalmente despejada de vehículos, al menos en esa dirección, el chofer del Sierra podía haber evitado el impacto con un solo giro del volante hacia la izquierda. "¡Cómo me duele la cabeza coño!", dije interrumpiendo mis pensamientos, pero no solo eso, cuando traté de acercarme a su vehículo, arrancó a toda velocidad tratando de atropellarme, ¡habían querido asesinarme!, de eso ya empezaba a darme cuenta, ¡reflexionaba! Estaba mejorando, ya reaccionaba mejor de mi aturdimiento, me paré de mi posición, cuando un vehículo que circulaba se me aproximó y me preguntó:

—Señor, se encuentra bien, ¿qué le ocurrió?

—Me chocaron, pero ya estoy bien, el carro que me chocó se dio a la fuga —le dije.

—¿Quiere que le llame a la policía? —me dijo.

—No gracias, tengo seguro, y creo que puedo solucionar el incidente —le dije.

—Bueno, ¿pero en realidad se encuentra bien?

—Sí, señor, muy amable, no se preocupe, me estoy recuperando, lo que sucede es que aún estoy aturdido por el impacto —le dije al mismo tiempo que vi cómo reanudaba la marcha.

De inmediato caminé hasta mi carro los otros cincuenta metros de regreso, y me di cuenta, que toda la parte trasera del vehículo había quedado destruida, el farol de la derecha estaba descolgado, solo sujeto por el cable de conexión, lo desconecté para preservarlo, estaba en buen estado, el parachoques o bómper hundido, al igual que la maleta, la cual no se podía abrir, y el otro farol se había salido de su posición. Me senté en el asiento del conductor, accioné el motor, que no había sufrido ningún daño, y reanudé la marcha; a pesar del impacto, el carro rodaba perfectamente, no se apreciaba ningún daño que impidiera su uso, así que con sumo cuidado, reanudé mi viaje, ahora un poco más lento, pero debía continuar con mi gestión. A medida que pasaba el tiempo, me recuperaba, sin síntomas aparentes de trastornos, sobre todo en la cervical, o en la columna, le di gracias a Dios y continué escuchando la radio y la emisora de música que había sintonizado. Llegué a casa de Carlitos un poco más tarde de lo programado, pero vivo, allí estaba tomando café en las alturas, asomado a la puerta de su buhardilla, al verme me dijo:

—Coño, yo pensé que te habías regresado a Cuba.

—No me jodas, sabes que jamás regresaré, mientras ese hijo de buena fe esté allí —le dije.

—¡Eh!, ¿qué le pasó al carro? —me dijo muy sorprendido—, ¿chocaste?, ¿cuándo?

—Hace treinta minutos, no más —le dije.

—No jodas, y, ¿cómo fue?

Le relaté lo ocurrido con lujo de detalles, y esto fue lo que me dijo:

—Nada, estoy seguro de que quisieron joderte, mandarte para el otro mundo. A partir de ahora, cuídate, te andan buscando, no lo dudes —me dijo muy asombrado.

—Parece que sí, pero mira, antes tengo que sacar a estas dos personas que te traigo, hazme estos documentos —le dije esto al mismo tiempo que le entregaba los libros.

—Te los voy a hacer, porque eres tú, pero yo estoy medio parecido a ti, se me metieron aquí en el rancho y me registraron todo la semana pasada, no me encontraron nada porque el día anterior yo había hecho una limpieza y lo había bajado y escondido todo lo que me comprometiera, si no, estuviera preso, ¿qué te parece?

—Bueno, así es este negocio, nada se sabe, pero me dijiste que me ibas a hacer estos libros ¿no? —le dije y moví mi cuello y traqueo, me dolía un poco.

—Sí, claro, mi hermano, pero después tenemos que aguantarnos por un tiempo, la cosa se está poniendo color de hormiga —me dijo y aprovechó y me relató otros hechos de detención y allanamientos que había hecho la policía.

—Dámelos, son nuevos los libros, ¿verdad?

—Sí, originales —le dije.

—¿Y las fotos? —me preguntó.

—¡Ah!, disculpa, aquí están —le dije e introduciéndome la mano en el bolsillo, las saqué y se las entregué—. ¿Cuándo puedo venir a buscar los libros?

—Rápido, si te esperas dos horas te los entrego hoy mismo, no quiero peos, cuanto antes salga de esto, ¡mejor!, así que si quieres date una vuelta por ahí y regresa en dos horas, ¿tienes la plata?

—No, la verdad no pensé que me lo entregarías hoy mismo —le dije.

—No importa, hace tiempo nos conocemos, me la traes mañana o pasado mañana, ¿de acuerdo? —me dijo.

—Sí, no hay problema, eso está seguro, cuenta de que será así —le dije y agregué—, regreso en dos horas, ¿OK?

—Sí, más o menos —me dijo y se alejó a buscar con qué trabajar.

Salí de allí aun sin poder borrar ni comprender lo del accidente en la autopista, no podía creer lo que me había dicho Carlitos, que alguien quería desaparecerme, aunque pensándolo bien, motivos había de sobra para que los cubanos quisieran hacerlo, era lógico, pero si eso era así, se habían mantenido al tanto de mis actividades ilícitas de sacar a los cubanos, o quizás habían descubierto lo del caso Frank, quien sabe. Lo que si era notorio, que a partir de ese momento, tenía que cuidarme doblemente, ¡se repetiría!, de eso estaba seguro.

A esa hora de la mañana no había casi nada abierto en la zona, con excepción de los establecimientos de expendio de desayunos y abastos, así que y a pesar de no tener deseos, me senté en uno de ellos a desayunar empanadas de cazón y café marrón, con eso y un poco de meditación, transcurrirían las dos horas acordadas para recoger los documentos; compré la prensa y me senté a disfrutar del calor de la Guaira y de su olor a mar salado mezclado con el ruido de las "gandolas", que salen del puerto, allí en aquel cafetín de "mala muerte", pasé mi recuperación, ¡mejoraba! Esperé las dos horas que necesitaba para acercarme algo más a lograr la libertad de dos cubanos obligados a escapar de la tierra que los vio nacer.

Me fui a una farmacia y compré calmantes, los necesitaba, tome dos píldoras, apenas me percaté de que habían transcurrido dos horas y algo más, así que cancelé lo que adeudaba y de una vez me fui a la casa del falsificador. Desde que llegué me di cuenta de que algo no marchaba bien, en la buhardilla de Carlitos, un carro estacionado en los bajos de la misma, me hizo sospechar que algún inconveniente se había presentado o se estaba presentando. Dentro del vehículo, en el asiento del conductor, se encontraba sentado un hombre de treinta y tantos años, de bigote coposo, tez morena, con una pinta de PTJ increíble, decidí esperar unos instantes en el quiosco de perros calientes, pedí uno con todo, sin deseos, acababa de desayunar, esperé, esperé como una media hora, hasta vi descender a otro con la misma pinta, que se subió a la camioneta marchándose de inmediato y observando mi carro con la maleta hundida y sin faros.

No obstante haberse ido la camioneta, esperé otros diez minutos antes de subir por mis documentos, la puerta de Carlitos se cerró al bajar el policía, su pequeña ventana también, y el perro calentero me hizo una seña como que algo no andaba bien, subió las cejas, bajó los párpados, y arrugó la boca; le pagué y subí de una vez, toqué tres veces en la puerta hasta que por la ventanilla se asomó mi amigo el falsificador con un sobre en la mano, el cual me entregó diciéndome:

—¡Lárgate!, y me regresa en dos días, a ver si todavía estoy aquí, después te cuento qué pasó —me dijo muy asustado.

Le di las gracias y bajé las escaleras lo más rápido que pude, ni caso le hice al deterioro de mi carro, aceleré todo lo que pude y me marché del sitio por otras calles que no fueron las que me trajeron a la casa de Carlitos, hasta que salí a la autopista donde aparentemente todo fue más fácil. Así, con mi carro dañado y destruido, con los percances en la obtención de los documentos, con la zozobra de sí alguien me seguía, y con la intranquilidad y la preocupación de lo que pudiera ocurrir, llegué a mi conjunto residencial, esta vez, en dos horas, la cola ya empezaba a hacerse sentir en el tráfico. Me tomé una aspirina, no más al abrir la puerta del apartamento, hice café y me dispuse a revisar los pasaportes de los médicos; estaban perfectos, así como las cédulas. Sentado en mi lugar favorito de la casa, tomé la decisión de dilatar por un tiempo la salida de los esposos Aguilar, las señales no habían sido muy buenas en ese día, algo estaba pasando, algo no estaba marchando bien, y no era prudente tentar al diablo, ¡había que esperar!, no quedaba otro remedio, mi intuición me lo aconsejaba, y así lo haría, ¡lo hice!

Sin mucha dilación, como para no desistir de la idea ni de la estrategia que me había trazado, me fui derecho a ver a Alejandro, al cual llamé antes de salir, quedamos en que lo recogiera en el abasto de Manuel, donde mismo lo había dejado, hacía tan solo dos días:

—Hola, Alex, ¿cómo te sientes? —le dije al montarse en el carro, el cual no notó que había sufrido un accidente, y pensé que mejor aún—. Mira Alejandro, he tomado la decisión de alargar unos quince días tu salida y la de tu esposa, las cosas no están marchando bien del todo, es preciso actuar con cabeza y con sumo cuidado, además no solo eso, no podemos volver a comunicarnos por estos teléfonos, es preciso cambiar los números o comprar unos nuevos, lo cual voy a hacer hoy mismo esta tarde en el abasto de Manuel, con él te dejo tu nuevo celular, el cual no vas a utilizar para nada, ni para nadie, ¿entendiste?, hasta que yo llegue de viaje y te diga que lo hagas, ¿está claro?

—Sí, está claro, así se hará —me dijo muy intrigado, desconfiado y preocupado.

—Ya yo tengo los pasaportes y las cédulas, no se las voy a entregar por precaución, y solo faltarían los pasajes para que se vayan, que eso los saco en cuanto regrese en quince días, más o menos, o quizás antes, ¿está bien? —le dije.

—Sí, entendido —me dijo.

—Hoy a las cinco ya puedes recoger tu celular en el abasto, después no tendremos contacto hasta dentro de quince días, ¡insisto!

—Bien, déjame aquí mismo, recojo el celular a las cinco —me dijo y se alejó.

Me fui de una vez a una compañía de teléfonos y compré dos equipos con sus líneas respectivas, uno de ellos lo guardé con cuidado en mi oficina, a la cual llegué para anunciar que me iba de viaje a Cuba por quince días, un familiar enfermo me había hecho tomar la decisión de viajar; de la oficina me fui al residencial, le dije al de la seguridad al entrar que iba a viajar, que me iba por quince días a Cuba, se lo dije al del quiosco, al del abasto de los bajos, a mis amigos de otras torres, a las muchachas de la banca de juego, en fin creo que no quedó nadie que no supiera que me iba para la Habana. A las cuatro de la tarde dejé el celular de Alex con el portugués del abasto.

Capítulo XVIII

Y SÍ, SÍ viaje, pero a República Dominicana; llegué a Santo Domingo, al día siguiente mi yerno me estaba esperando, al salir mostró una sonrisa no carente de asombro por mi viaje no esperado, ni aclarado telefónicamente el día anterior:

—¿Qué pasó? —me preguntó.

—Nada, solo quería verlos, estar unos quince días con ustedes y tomar cerveza contigo, ¿no puede ser? —le dije.

—Claro que sí, sabes que aquí no hay problema, pero no sé, me parece que hay algo extra, adicional, que no has querido decirme, ¿no te parece? —me dijo como tratando de sacarme alguna información sobre mi viaje improvisado.

—Te juro que no existe nada adicional, y para que veas que es así como te digo, te invito a tomar cerveza, ¡ya!, y durante el viaje hasta Santiago de los Caballeros, ¿te parece bien?

—Perfecto, mejor imposible, vamos —me dijo.

Llegamos a Santiago en dos horas, como disfruté el viaje en compañía de mi yerno, me gustó saber lo que habían prosperado en los últimos meses, hasta fundaron una compañía de fumigación con contratos con el gobierno y todo. Después de saludar y abrazar a mi hija, ese día solo fue de fiesta y recibimiento, no sé cuántas cervezas nos tomamos, ni cuántos cuentos echamos, ni cuántas melodías desafinadas interpretamos, lo cierto es que me acosté cerca de la medianoche, pensando que la seguridad cubana me estaría buscando en la Habana, ¡qué chasco!, ¿verdad?

Al día siguiente, y como no tenía nada que hacer, me fui temprano a recorrer la ciudad, que aunque no había cambiado en nada, en lo absoluto, me mostró algunos anuncios de publicidad exterior de empresas que aún funcionaban en esa ciudad, a pesar de que habían sido desenmascaradas en un libro que leí, cuyo título no recuerdo, que narraba la penetración de los cubanos de la Cuba comunista a través de la fachada de empresas privadas en ese territorio y en los Estados Unidos también, las cuales contribuían a violar la Ley Helms–Burton. Así era como Cuba rompía el bloqueo económico impuesto a la isla; allí estaban funcionando aún esas empresas, amparadas y financiadas por el gobierno cubano, ¿lo que es la democracia, verdad? Permeable por todas partes.

Continué mi recorrido por las calles de mi querido Santiago, la tierra de Juan Pablo Duarte, el padre de la patria dominicana; Santiago, la ciudad de los Caballeros, una vez más volvió a envolverme con sus calles y avenidas, algunas de ellas de la época de la colonia española, lo cual me hacían recordar mi querida tierra cubana, el calor de los santiagueros se asemejaba al calor de mi pueblo, a la hospitalidad que mi gente daba a sus visitantes en la época que fuera en las vacas gordas o en las vacas flacas, en el gobierno que estuviera de turno, democrático o no, así era mi pueblo, muy acogedor, no se merecía el gobierno dictatorial imperante en la isla por cuatro décadas.

Llegué de nuevo al Monumento, erigido por el tirano Leónidas Trujillo en la década de los años cuarenta, "a los Héroes de la Restauración", fue mandado a construir como símbolo de sometimiento por el dictador Trujillo, ya que la segunda ciudad de República Dominicana era la que más rechazo y resistencia hacia su gobierno dictatorial. Recorrí sus jardines, su base, y hasta subí a su mirador, después de recorrer sus trescientos y tantos escalones, se había ido la energía eléctrica y la planta estaba dañada; ¡sudé, sí!, pero admiré en profundidad, la vista de la ciudad.

Ocupé toda la mañana en paseos turísticos, y en ese recorrido me di cuenta de que, en Venezuela, también me estaba sintiendo perseguido, aunque en menor escala que en mi querida Zozobra. Terminé mi recorrido turístico, hice algunas llamadas locales e internacionales, entre ellas al señor Aguilar, el cual ya conocía mi decisión de descansar unos quince días; fue al único que le dije la verdad de donde me encontraba, y además le di a conocer el día que regresaba a Caracas, a partir de esa fecha en siete días recibiría a los esposos médicos de barrio adentro en Miami. Esa noche me reuní con la disidencia cubana en Santiago de los Caballeros, celebraban una de sus reuniones acostumbradas y periódicas, y retomando mi estancia de cinco años allí, pregunté si aún continuaban operando las compañías cubanas en ese territorio, la respuesta de mi amigo y compañero Raúl, fue la siguiente:

—Con más fuerza que antes —me dijo.

—¿Se han incrementado? —insistí.

—Sí, el dueño de Trixi y del restaurante que tú conoces, ha traído un grupo de cubanos, a los cuales les ha puesto negocios y los ha ido introduciendo en este país, ya sabes con qué objetivo, ¿no crees? —me expresó un tanto molesto porque aquello al parecer no tenía control.

—Y ustedes, ¿qué han hecho? —pregunté.

—No mucho, solo informarlo a la organización, tanto aquí como en la capital, pero no ha ocurrido nada al respecto, al menos visiblemente, siguen operando por la libre con toda facilidad, y cada día que pasa son más los que llegan —me dijo.

—¿Piensas quedarte mucho tiempo por acá? —me preguntó Raulito.

—No creo, quizás solo una semana, a lo sumo diez días, ¿me puedes llevar a ver esas empresas que no conozco?

—Claro, cuando quieras, mañana mismo si quieres me dijo.

—OK, te parece bien en la mañana, a eso de las nueve —le pregunté.

—No hay problema, te paso a buscar por tu casa a esa hora —me dijo.

—Quedamos en eso entonces —le dije y abandoné el local.

A las nueve de la mañana, Raúl pasó a recogerme como habíamos acordado, lo hice esperar en la sala unos minutos, no sé qué me había ocurrido esa noche, pero se me había "pegado las sábanas", había dormido más de lo acostumbrado. Tomamos la carretera turística de Gurabo, desde su inicio, y a partir del kilómetro siete, Raúl comenzó a mostrarme dos empresas, una de venta de línea blanca, televisores y equipos de sonido, que era de un cubano recién llegado, otra de repuestos de vehículos y motos; al finalizar la carretera, un kilómetro después de la bomba de gasolina Texaco, me dijo:

—Por esta vía finalizamos, ahora en el centro de la ciudad existen otras, que pienso responden a otra organización y estructura, ¿quieres verlas? —me dijo.

—Sí, por favor —le dije y regresamos por donde habíamos transitado hacía unos pocos minutos.

—Estos "dueños de las empresas", que te mostré, viajan con una frecuencia asombrosa a la isla, al menos una vez al mes —me dijo, y me preguntó—, ¿quién paga esto?, porque sus empresas no son todas rentables, como para darse esos lujos, ¿no crees?

—Y me imagino que siguen introduciendo grandes cantidades de dólares para la subversión de los partidos políticos opositores —le dije.

—Claro, eso es constante, y siguen financiando y organizando huelgas de tabaqueros en Licey —comentó—. En resumen hacen lo que les da la gana, peor que cuando tú vivías aquí. Ahora los dólares entran por otra vía también a través de Venezuela, con su cónsul y embajador militar, valija, pura valija —agregó.

—¿Dónde quedan las otras empresas?

—Ya estamos llegando —me dijo.

—Mira, esa es una de ellas, una inmobiliaria que ni vende ni alquila nada, ¿qué te parece?

—Así es mi querido amigo —le dije.

Regresamos a casa haciendo uno que otro comentario sobre la situación política en el país, que estaba bastante estable, a pesar de todo lo que trataban de desestabilizar los comunistas; llegamos a la casa en solo veinte minutos, aquí las colas no afectan la salud, ni el estrés.

Esa noche, mientras visité el Casino Gran Almirante, tomé la decisión de alejarme de la ciudad los días que restaban del tiempo que me había propuesto pasar fuera de Venezuela, descansaría en la playa lejos del mundanal ruido y de los conflictos sociales y políticos. Me fui al día siguiente a uno de esos resorts que alquilan con todo incluido frente al mar sustituyendo mi vista favorita desde el piso veinticuatro de mi apartamento, y con un trago en mano, mi mente se transportó a los testimonios de algunos cubanos, con los cuales he conversado durante mis visitas tanto a Cuba como a Barrio Adentro; es asombroso como ellos testifican la forma y las condiciones en que son enviados a trabajar en Venezuela, vienen totalmente indocumentados, como para evitar que puedan desplazarse libremente, no se les permite rebasar los límites de donde han sido asignados para trabajar. Son vigilados por miembros de la comunidad, y cualquier hecho que ofrezca duda de su conducta y que levante sospecha, son sustituidos de inmediato y devueltos a Cuba con el correspondiente expediente que lo acompañará toda su vida, limitándolo en sus acciones y en su desarrollo personal e integral.

Por otra parte, aquellos venezolanos que son seleccionados para cursar sus estudios en la isla castro–comunista, cuando llegan a la misma, les leen el reglamento; cero contactos con cubanos, llamadas reguladas a sus familiares, no pueden recibir llamadas de los mismos desde Venezuela, no se les puede enviar dólares, no pueden sostener relaciones amorosas con cubanos. En fin, el precio del estudio es bastante claro y alto. Por otra parte, aquellos elegidos para ser operados de la vista o cualquier otra enfermedad en Cuba, asumen los mismos riesgos y la misma disciplina, cero contacto con cubanos durante su estancia en la isla, y la menor cantidad de llamadas posibles a sus familiares, ¿por qué será?, ¿qué ocultan?, ¿qué no quieren que conozcan los venezolanos?, ¿será de cómo viven los cubanos desde hace cuatro décadas?, ¿o no quieren que sepan los horrores que ha tenido que sufrir el pueblo cubano con su revolución socialista, y de las penurias por las que ha tenido que atravesar?

Me sacó de mis pensamientos una morena dominicana que cruzó frente a mí con su superhilo dental como traje de baño, mi mente se quedó en blanco, olvidé por un instante el vía crucis de los cubanos y venezolanos, hasta que aquella maravilla caribeña, se alejó de mi vista; no quise retomar el tema en mi cerebro, me metí al agua, que a esa hora de la mañana estaba fría, pero revitalizante, me solee todo lo que pude con ese sol tenue, pero medicinal de antes de las diez de la mañana. Alrededor de las once y treinta me fui a almorzar.

Sentado en uno de sus restaurantes, al acercarse el mesonero le ordené un whisky con soda amarga, y me detuve a contemplar a una joven que se encontraba sentada a unas dos mesas de donde yo me encontraba; era hermosa, de piel morena, pelo rulo, su rostro estaba quemado por el sol que agarraba una tonalidad morena muy especial, de un color miel oscuro rojizo, se notaba como brillaba esa piel, que se veía sana, llena de vida y pasión femenina. No podía separar mis ojos de ella, me reconfortaba de solo mirarla, de detallarla, aunque hay que tener cuidado, pensé yo, "el diablo habita en los detalles"; movía su cara de un lado a otro cuando algo le llamaba la atención, y busqué su mejor ángulo, así pude elegir su lado izquierdo, lucía radiante, su sonrisa era amenazante cuando mostraba su dentadura perfecta, pareja, de dientes muy blancos y bien conservados. Una belleza dominicana en todos sus aspectos, claro, desde donde estaba solo podía detallar una parte de su busto, aún no había podido contemplar su cuerpo, pero lo imaginaba, debía ser tan perfecto, como lo que permitía ver.

En ese instante llegó el mesonero con el cambio del pago de la cuenta, y se levantó, ¡sí!, ¡era perfecta!, ¡estructural!, ¡sensual!, hasta en su andar por el salón, era la misma belleza que había pasado frente a mí minutos antes, u horas antes que sé yo, pero esa perfección de cuerpo y su contoneo al caminar habían quedado en mi mente grabada. La seguí hasta donde mis ojos pudieron, hasta me incliné para lograr un ángulo mejor, hubiera deseado seguirla, no sé, abordarla a como diera lugar para conocerla, ¡la perdí!, se terminó mi sanación visual, el resto del salón, apenas contaba con comensales a esa hora. Borré de mi mente (transitoriamente) la morena, y terminé de disfrutar mi trago; ordené la comida de una vez, tenía apetito, me había hecho el firme propósito de disfrutar mi primer día de playa.

Esa noche tuvimos actividad en el área de la piscina, bailamos, disfrutamos de un acto de teatro infantil, que resultó muy bien logrado; uno que otro huésped pasado de tragos recitó, cantaron, y hasta contaron chistes de muy buen gusto. La noche se me fue "volando", pero a pesar de que busqué en varias oportunidades con mi vista, no conseguí dar con la morena que había ocupado mis sentidos esa mañana.

Al día siguiente me desperté pasadas las nueve de la mañana, me apuré todo lo que pude para tomar el sol matinal, y como no podía alejar de mis pensamientos la imagen de la morena, soñé con la posibilidad de encontrármela de nuevo a orillas de la playa; casi agarro una insolación y la morena bella no apareció por ningún lado, algunas se me parecían, otras las vi caminar y las seguí por toda la costa, comparé a lo lejos los cuerpos, incluso sus hilos dentales, y cuando las tuve enfrente, no eran la que yo perseguía, hasta confundí siluetas a corta distancia, entré más de una vez en el agua, con la esperanza de que allí se encontrara, pero ni modo, no aparecía por ningún lado.

Me resigné y ordené a mi cerebro borrarla de mis pensamientos, y como era la costumbre, o al menos lo que siempre escuchaba que debía hacerse en estos casos, me fui derecho al bar, ordené un vodka con jugo de naranja en un vaso largo y ancho, quería olvidar, no solo las penas, sino que se me había escapado mi media naranja, mi alma gemela, lo que necesitaba para el resto de mi vida, pero Dios es sabio, ¡lo sé!, me hizo ver las cosas de otro modo, hasta me las puso más difíciles, imposibles de obtener, me llevó hasta la desesperación, hasta la locura pasional, sin embargo, me mostró su indulgencia, su compasión, su inmenso deseo de satisfacer las voluntades de los seres humanos, de sus fieles que fueron hechos a su semejanza, pero mi María Magdalena no aparecía. Me dio una oportunidad, consideró además que debía desintoxicarme, limpiarme de todo lo que arrastraba dentro de mí, después de tanto tiempo, sin pensar en uno mismo, en la humanidad, en el amor, ¡sí, eso, en el amor!

—¿Por qué te ocultaste de mí en la mañana?

Le dije a mi hermosura sin pensarlo, cuando sorprendido, sentí que mi cuerpo recibía una sensación de calor que recorrió todo mi cuerpo en la posición en que me encontraba dentro del bar, allí a espaldas de ella, sentí que ese calor me indicaba que había llegado, y efectivamente, estaba detrás de mí, lucía unos jeans de color azul claro, ajustados que mostraban su silueta escultural, su franela blanca, la cual resaltaba su piel morena, permitía ver y disfrutar de su ombligo, bien formado y seductor;

—¿Es conmigo, señor? —me dijo muy dulcemente.

—Claro, ¿con quién otra podría ser? Pero te agradezco que solo prestes atención a lo que voy a decirte, para mí, representas mi otra parte, mi otra mitad, y no quiero que te vayas ahora, no quiero dejar de verte, perderte, me he demorado mucho en encontrarte, ¿entendiste?

—Sí, entendí, pero lo único que no sé, es ¿por qué soy tu otra parte?, ¿en qué te fundamentas para eso?, además, ¿quién te lo dijo?

—Eso se siente, se intuye, le llega a uno por señales, quizás hasta por el aire, le penetra a uno por los poros, atraviesa la piel, se le aloja en el cerebro, como si fuera un elemento de vida, una inducción de salud, de energía, de oxígeno, y que solo puede adquirirse por medio del amor o del amor a primera vista, como siempre se ha conocido, y que nadie sabe describirlo, ni explicarlo, ¡pero existe!; ¡y que impulsa la vida, la seducción, mejora la salud, y reorganiza tu vida!; ¿nunca te ha ocurrido? —le dije.

—En realidad, nunca pensé tan detenidamente en eso que me dices, a lo mejor pasé por eso, y no lo sentí o lo vi así, pero... —y se quedó pensativa, como elaborando y procesando en su mente lo que le había dicho minutos antes.

—Te diré algo, que quizás tú no conozcas, el filósofo griego, Dionisio Platón, refiriéndose al amor, a las almas gemelas, hacía esta reflexión: "El ser humano cuando fue creado, tenía cuatro brazos, cuatro piernas, dos caras, ubicadas en diferentes posiciones y dos sexos; por lo cual, era mejor para el trabajo, soportaba mejor las largas caminatas, o sea era más resistente, además, podía ver en todas direcciones lo cual le permitía observar, si alguien se acercaba a agredirlo, a su vez, el mismo se fecundaba, engendraba una nueva criatura, ya que poseía un sexo masculino y otro femenino; Zeus (el Rey de los Dioses en el Olimpo) al verlo, comenzó a preocuparse por poseer una criatura tan perfecta, y decidió separarlos, para lo cual envió un rayo, que los partió en dos mitades, desde entonces, el hombre anda en busca de su otra mitad, o de su alma gemela", ¿qué te parece? —le dije.

—No conocía eso que me cuentas de la mitología griega —me dijo muy complacida con lo que le narré—, pero no sé porqué me dices que yo soy tu otra mitad, tú eres muy blanco, y yo soy morena, o casi negra, ¿no crees? —me dijo mostrándome su sonrisa perfecta.

—Las almas no tienen color —le dije.

—Será, pero cuéntame, ¿estás de vacaciones o trabajando? —me preguntó.

—De vacaciones, solo por unos días —le dije.

Quedamos en vernos en la noche, se sintió muy complacida cuando le dije que iríamos al casino del hotel.

Me fui después de almorzar a mi habitación, aproveché e hice unas llamadas a la familia, y otra que realicé al señor Aguilar para anunciarle que el próximo fin de semana regresaría a Venezuela, antes de la fecha que había anunciado, a mis amigos y compañeros de trabajo; todo estaba listo ya para descansar y esperar la hora en que disfrutaría de una velada extraordinaria, me latía con fuerza el corazón, y solo miraba el reloj, como si con eso acelerara el tiempo. A las ocho de la noche me duché, al mismo tiempo que me comuniqué con su habitación y la invité a cenar antes de ir al casino, lo cual aceptó.

A las nueve y treinta como habíamos acordado, nos encontramos en el restaurante, se detuvo en el umbral de la puerta, dirigió su vista en derredor, como tratando de localizarme, tiempo este que aproveché para detallarla, su indumentaria era provocadora, qué belleza de pantalón de noche, ajustado a la cadera de color rosado pálido, ¡qué contrastante y seductor con el color de su piel!, la contemplé mientras se acercaba a mi mesa, al mismo tiempo que me mostraba su hilera de dientes blancos, con esa sonrisa que aumentaba mi intranquilidad sexual interna, me saludó a escasos pies de la mesa con una voz dulce, que grabé en mi mente.

—Siéntate, por favor, estás preciosa —le dije.

—Gracias, eres muy amable —me dijo.

—¿Qué deseas tomar? —le pregunté.

—Vino, una copa de vino tinto —me dijo.

La miraba fijamente, no podía apartar mis ojos de ella, me di cuenta de que aumentaba su nerviosismo, comenzó a jugar indiferentemente con un cubierto, al mismo tiempo que contestaba a mis preguntas, y escuchaba y mantenía con atención el hilo de la conversación que se tornó cada vez más profunda, en la medida en que nos compenetrábamos, sus manos, de dedos finos, bien arreglados, temblaban una que otra vez, lo cual reflejaba cierta angustia o preocupación interior que aún no había querido expresar, pero que obviamente había sido tocado el tema, o parte de él, durante nuestra conversación. Lo que si estaba claro, era que nuestra afinidad aumentaba con cada segundo de conversación, y eso hacía más agradable la misma, y más profunda; las horas transcurrieron, como jamás queríamos que pasaran, llegó la hora en que nos "corrieron", del lugar, ya iban a cerrar, pero su dolor interno era imposible de dejar de contarlo, así que a pesar de la hora y la advertencia de que iban a cerrar, Patricia, que así se llamaba, mi media naranja, me dijo:

—Mi papá era cubano también, y contemporáneo contigo, pero lo mataron aquí en Santo Domingo, la política me convirtió en huérfana de la noche a la mañana, se me desplomó el mundo, cuando me dieron la noticia, me quedé desamparada, perdí la ilusión de vivir, nada me importaba, hasta pensé en el suicidio, quedé sin fuerzas para continuar viviendo. ¡Qué horrible es que a uno lo condenen a vivir así!, ¿no crees?

Me dijo al mismo tiempo que vi correr dos lágrimas por sus mejillas que me llevaron a consolarla, sin saber siquiera cómo hacerlo, qué decirle a esa hora, en que lo único que podía reconfortarla era que se le devolviera la vida a su padre.

—Y, ¿cómo ocurrió lo del asesinato de tu padre? —le pregunté.

—Mi padre fue escolta de Fidel Castro, y en uno de los viajes logró quedarse en República Dominicana, pidió asilo político y se lo concedieron, por razones de seguridad, de su propia seguridad, se trasladó a vivir a los Estados Unidos, donde conoció a mi madre que vivía en Nueva York, y pertenecía a la comunidad dominicana de la Gran Manzana, allí se casaron y me tuvieron a mí, yo soy *dominican–york*, como nos conocen. Por razones climáticas, a los ocho años abandonamos los Estados Unidos y nos establecimos aquí en la capital, ya habían pasado los temores de mi padre de que pudieran asesinarlo los comunistas, por desertor, pero, aun así, conservaba su escolta, su protección, el DNI dominicano se la brindaba por recomendaciones del gobierno americano; hasta se cambió el nombre para protegerse aún más.

»Cuestión esta que yo desconocía y que a veces cuando estaba junto a él, algún familiar muy allegado utilizaba el verdadero, lo cual me dejaba totalmente sorprendida, o cuando conocía a alguien en la calle y le daba el falso, era como estar con alguien que no existía, sin identidad, pero era mi padre, y lo adoraba, tal cual era. Y ya comenzaba o creía conocer toda su historia política, su historia de vida. Los años transcurrieron en perfecta armonía, y como la mayoría de las hembras (y yo no iba a ser la excepción), me inclinaba afectivamente más a mi padre que a mi madre, años felices, hasta me olvidé del nombre cambiado, de nuestro traslado de un país a otro, de los problemas políticos de mi padre, de sus inclinaciones ideológicas. En fin, todo era felicidad en el hogar de los García, de los cubanos–dominicanos que vivían en la tierra del merengue.

»Por razones de trabajo y negocios, cuando ya contaba con veinticinco años, nos trasladamos a vivir a la segunda ciudad de República Dominicana, Santiago de los Caballeros; allí mi padre compró una pequeña finca en las afueras de la ciudad, la cual en sus ratos libres, se dedicaba a cultivar, allí crie mis perros, mis conejos, y hasta que uno y otro chivo, comida predilecta de mi madre, la cual no heredé; por aquel entonces, mi padre, que nunca perdió sus inclinaciones políticas a favor de la democracia, que escasamente conoció, se mantenía participando activamente en reuniones de grupos de derechos humanos en contra del sistema político imperante en su país por décadas.

»La situación política en este país empeoró considerablemente, a causa, entre otras cosas de una mala administración del estado, de los conflictos internacionales y de la penetración castro comunista en la región, con el único propósito de desestabilizar y derrocar al régimen democrático del país; como es lógico, mi padre no podía mantenerse callado ante tal violación de la soberanía del país, además, como él decía: "Peligra hasta mi vida de triunfar un régimen socialista en este país". Comenzó entonces una investigación de cómo se llevaba a cabo la injerencia comunista en este territorio, investigación esta que él encabezó y lideró hasta su muerte, que ocurrió de la forma más trágica y brutalmente posible, fue algo fuera de lo común que reflejó el ensañamiento con que se hizo, con el odio con que fue realizado, reflejando lo más inhumano de la sociedad en que vivimos, o quizás de la sociedad que pretenden imponernos. Te digo todo esto, sin saber aún, ni conocer, cuáles son tus inclinaciones, o definiciones políticas, quizás hasta eres un infiltrado del régimen comunista de la isla que nunca he conocido y que me gustaría hacerlo, pero cuando sea libre, libre de opresión, libre de pensamiento, libre por deseo propio de sus ciudadanos, de los hijos de ese pueblo, ¿eres o no un infiltrado? —me preguntó.

—Sigue no te defraudaré —le dije.

—Nada, solo me resta decirte la forma en que lo mataron, a palos y le dieron una puñalada que lo desangró, en una zona donde nadie pudo socorrerlo, ni escucharlo, a plena luz del día, su rostro expuesto al sol por muchas horas, después de asesinado, estaba quemado terriblemente, casi irreconocible, era un monstruo. Sin embargo, a la hora de su entierro se había transformado, ya tenía una expresión más dulce, más tierna. Dios me lo permitió y siempre se lo he agradecido, Dios lo tenga en la gloria; me quedé con sus recuerdos, con su ternura, con esa visión futura, y esos principios que siempre me inculcó, me quedé con su fotografía en mi mesa de noche, con su uniforme militar cubano, y su guayabera típica cubana como símbolo de la democracia, que hasta su muerte defendió, me quedé con su ropa, la que llevaba su energía que usaba regularmente, me quedé con las fotos, incluso, de familiares que nunca conocí, ni he conocido, ni conoceré, hasta que el dictador comunista se largue de la tierra de mi padre que tanto amó y que nunca pudo volver.

»Me quedé incluso con lo más sagrado de sus ideas y de sus sentimientos ideológicos que tanto me guiaron en la vida, cuando más falta me hacían, me quedé de hecho, con él, con mi padre, con mi amigo, que fue mi guía, hasta que el odio de las clases sociales, de las luchas políticas, me lo arrebataron para siempre; ¿a qué me debo?, a mi sangre dominicana, la de mi madre, en estos momentos pasiva, pero años atrás con sus luchas, sus hermanas Mirabal, el coronel Camaño, que ofrendaron sus vidas con sus ideas, buenas o malas, pero por la libertad y la democracia por Antonio la Maza, que no escatimó y se desprendió de sus temores, y ofrendó su vida para ver a su patria libre, soberana, o me solidarizaba con mi padre, con quien más afinidad tenía. ¡Por Dios!, ¡lo hice!, la sangre y sus componentes, fueron más fuertes para mi padre, ¡lo reconozco!, me aferré más a las ideas de él y las conservo aún en mí: "No quiero interrumpirte, al final te diré, porque comparto tu dolor y tu inclinación política".

—¿Crees en mí? —le dije.

—Mucho, mucho más de lo que imaginas —me dijo—. Ahora, ¡eso sí!, quiero que quede bien claro, que nada de esto que te he dicho lo hago por política, me importa un "carajo", esa tendencia social, admiro a mi padre y sigo su línea ideológica, pero no la comparto, comparto mi vida con él, con quien me engendró, y me inculcó siempre, "defiende la verdad que ahí siempre tendrás tu libertad", y así lo hice, ¡lo juro! Perdóname con mis problemas, con mis angustias, con mi sino, solo quiero expresarte mi más sentido dolor por el cual he atravesado, a la edad en que no debiera haberlo hecho, me hirieron profundamente, ¡ya no hay remedio!, yo no tenía por qué haber conocido el comunismo, ¡pero lo conocí!, no tuve la culpa, ni fue mi elección escoger al padre que tuve (del cual estoy orgulloso), era demócrata y punto, y así me lo inculcó, y seguí su línea —me dijo.

»Perdóname por haberte amargado la noche, no debí venir, si hubiera sabido que este tema se iba a tocar, no hubiera aceptado tu invitación, creo que me voy a dormir, no hablas, no me expresas nada, solo atiendes por educación, a lo que asumo, y te he contado, ¡es mi karma, mi desgracia en la vida!, que es solo mía, y que debo arrastrar para siempre. No podré borrármela, aunque quiera, pero me alegro porque comparto los principios de mi padre, y si discrepas, házmelo saber, soy todo oídos, y estoy en la mejor posición de discutirlo, solo por hoy, si discrepas, mañana emprenderé una nueva vida, ¡olvidándome de esta!, que para mí fue muy bonito, muy hermoso, muy llevadero, y que además, a pesar de la diferencia de años, es hermoso compartir tus experiencias tus vicisitudes y tus manifiestos deseos de compartir quizás, una vida conmigo, no te amo, pero te necesito, ¡acéptalo!, y házmelo saber cómo hombre, como lo que acabo de aceptar, ¿no es así?, ¿qué tienes que decirme? Eso sí, si me juzgas mal, no sigo hablando —me dijo de nuevo.

—No te juzgo mal, necesito tu réplica, tus comentarios al respecto —le dije, y agregué—: estoy interesado en ti, en tu vida, ahora que me la has contado, como tampoco nunca me imaginé que en este lugar y de vacaciones me pudiera encontrar a alguien como tú, con esas ideas, con esos principios, y no solo eso, que compartiera mis definiciones políticas, mis inquietudes sociales, que no solo son las mías, son las de todo mi pueblo, que en parte es tuyo también. Al menos eso es lo que siento, y, por otra parte, que tú fueras la hija de ese cubano que asesinaron, que aunque no lo conocí, escuché su caso años atrás cuando vivía en este país, ¿qué coincidencia, verdad? Es como si la vida quisiera que compartiéramos experiencias en conjunto, es como si esos hilos invisibles que unen a las personas, y las hacen compenetrarse de inmediato, desde que se encuentran, desde que se ven por primera vez, quisieran que estuviéramos unidos por más tiempo que el de tan solo unas simples vacaciones, por eso te decía al principio, que me parecía que había encontrado mi alma gemela, ¿no lo sientes así?

—La verdad ahora pienso diferente al principio, cuando no entendí eso del alma gemela que me decías, ahora creo que existe algo más en nosotros, y a pesar del corto tiempo que nos conocemos, siento que empiezas a hacerme falta, aunque no lo creas, después que te conté esa parte dolorosa de mi vida, he comenzado a sentirme mejor, el dolor se ha ido disipando, se ha hecho más soportable, y no tengo una explicación para eso, quizás sea lo que tú denominas alma gemela, ¿no crees? —me dijo.

—No lo pongas en duda, eso es lo que nos pasa, ¿vamos al casino y disfrutemos aún más la noche? —le dije.

—No, vamos a sentarnos en la costa, en la arena, quiero escuchar el ruido del mar cuando rompen las olas, quiero ver el reflejo de la luna en su superficie, quiero verte con esa poca luz, quiero estar a solas contigo, y que nada ni nadie nos perturbe, ¿no lo deseas tú también?

La agarré de la mano, se la acaricié con ternura y la conduje al mar, a la arena, a los arrecifes que descubrí, gracias al reflejo de la luna, era bella, su piel sana, brillante, me hacía desearla, como nunca antes lo había sentido con mujer alguna, allí nos sentamos, la besé en silencio y permanecimos abrazados hasta que el sol nos anunció, que debíamos comenzar un nuevo día.

Ella terminaba su estancia en el hotel un día antes que yo, pero decidí marcharme junto con ella, así que el regreso a la ciudad lo hicimos juntos; hicimos dos paradas en el camino para tomar algo donde nos demoramos más de lo que esperábamos, lo cual nos hizo llegar de noche a nuestras casas, ¡qué bien la pasamos! Me despedí de ella con la promesa de regresar, al día siguiente regresaría a Venezuela.

Tomé el avión a la hora señalada, sin demora, hicimos escala en Curazao y llegamos a Caracas a la hora prevista; agarré un taxi de la terminal aérea que me transportó hasta mi casa; ya en mi apartamento revisé los mensajes que tenía en el teléfono, así como los de mi computadora, parece que todo había salido perfecto, todos mis conocidos creían que estaba en Cuba.

A la mañana siguiente, después de dormir más de lo acostumbrado, salí de mi edificio rumbo a la Guaira al aeropuerto, tenía que cuadrar el viaje de los esposos médicos; la gestión se me demoró un día adicional, mis contactos de inmigración no estaban de servicio ese día, así que me devolví y aproveché ese día para anunciarle a Alex y a Verónica mi regreso, y que se prepararan para viajar posiblemente el fin de semana, según mis cálculos. Me fue un poco difícil localizar a mi guardaespaldas con el portugués del abasto, pero al final llegó, como siempre, haciendo alarde de sus cualidades de matón de barrio. En unos instantes me encontraba sentado en la sala del barbero esperando por Alex, que no tardó en llegar, estaba excitado, se le notaba ansioso, me saludó con mucha efusividad y alegría, ya necesitaba abandonar esa vida, pensé yo.

—Pretendo sacarlos este fin de semana —le dije—, desearía que no le comunicaran absolutamente nada de esto a tu padre, quiero que lo agarre de sorpresa, además ya puedes abrir el celular, necesito tener comunicación contigo estos días, ¿entendiste?

—Sí, perfectamente, mi padre hace ya unos días que no sé de él —me dijo.

—Mejor, quiero sacarlos de este país, antes que todos mis amigos y conocidos sepan que ya regresé —le dije.

—OK, ¿se lo puedo decir a Verónica?

—Claro, por supuesto, y a propósito, ¿cómo le ha ido en la Dolorita?

—No muy bien, pero no hablemos de eso ahora, no tengo mucho tiempo —me dijo.

—Bien, entonces nos mantenemos en contacto y prepárate, ya casi estás del lado de allá —le dije.

El acento cubano de Alex y su esposa era muy difícil de ocultar y necesariamente tenían que hablar a la hora de la salida, eso me preocupaba, y mucho, no era la primera vez que se frustraba una operación de salida por esas condiciones, y entonces había que pasarle dinero a todo el mundo que había participado en el hecho; aunque eso era importante, lo esencial era que de caerse la operación, la frustración de los esposos sería grande, y hasta quizás se arrepintieran de dar de nuevo ese paso, por eso debía asegurarme de que todo saliera impecable.

Al día siguiente, y conociendo ya de antemano a qué hora trabajaban mis amigos de inmigración, me fui de nuevo al aeropuerto, llegué alrededor de las once de la mañana, los vuelos de salida eran muchos ese día, así que me resultó algo difícil localizar a mis amigos.

—¿Cómo estás, Alfredo? —le dije al verlo que venía a mi encuentro.

—Bien, ¿dónde andabas metido, que hacía ya un tiempo que no nos veíamos? —me dijo.

—De viaje por el continente —le dije en tono jocoso—. Mira, necesito sacar a los esposos médicos cubanos que te hablé hace ya un tiempo, ¿podrá ser este fin de semana?

—Mira Emilio, esto está malo, se ha puesto muy malo, hace unos días agarraron tres cubanos que se iban, y uno de ellos no quiso pagar el rescate y lo enviaron a la central, lo cual dio como resultado una orden de cambios y reforzamiento de todo el equipo aquí en Maiquetía, no sabemos quién es quién, y eso aumenta el riesgo, ¿comprendes?

—Sí, te entiendo, pero dime qué podemos hacer aún con todos esos inconvenientes que me has planteado —le dije.

—Dame dos días para cuadrarlo todo y hacer una valoración para este fin de semana, que es cuando tú quieres que se vayan, ¿no es así?

—Así es —le dije y agregué—: ¿Cuándo vengo de nuevo a verte?

—Dos días te dije, y te doy la respuesta definitiva, ¿tienes la plata? —me preguntó.

—Está oyendo la conversación —le dije y noté como me había abierto los ojos.

—Bien, hasta pasado mañana —me dijo y nos despedimos.

Pasado mañana era jueves, así que ya estaba corriendo el riesgo de no cumplir lo que había planificado para el fin de semana, y sobre todo, lo que le había dicho a Alex, pero bueno, no iba a adelantarme a los acontecimientos, había que esperar, no había más remedio.

El jueves en la mañana, y muy temprano, antes de las seis me fui al aeropuerto, como había quedado con Alfredo, prefería llegar temprano, que no conseguir a mis amigos de inmigración, que siempre relevaban los turnos, a las siete de la mañana; efectivamente, y fui dichoso, llegué a la hora indicada y precisa, Alfredo cambiaba el turno a las siete, de haber llegado tarde no lo hubiera visto, y hubiera tenido que tomar otra decisión, y hubiera sido otro día perdido; esperé que entregara la guardia, y a las siete y cuarenta y cinco nos reunimos en la cafetería.

—Me ocupé de tu asunto, tratamos de cuadrarlo todo para el sábado, en el primer vuelo a Miami de American Airlines; la cosa está difícil, son dos personas, y seguro de que con tremenda pinta de cubanos y el asere pegao, ¿no es así?

—Así es, ¿pero a qué viene eso?, todos los que hemos sacado son cubanos, con tremenda pinta también, ¿cuál es el problema ahora con estos? —le dije.

—Sí, mi pana, pero acuérdate que te dije que habían hecho muchos cambios, que había mucha gente nueva, muchos soplones —me dijo.

—¿Qué tú quieres?, ¿más plata? —le dije.

—No es eso Emilio, es el riesgo, no quiero que los agarren y los vayan a enviar a la central, eso es peligroso.

—OK, OK; entonces dime, ¿qué vamos a hacer?, porque yo vine a verte hoy para hacer algo, ¿no crees? —le dije algo irritado.

—Pensamos que los vamos a poder sacar sin chequear en el *counter* de American, o sea que pasen directo con boleto y pase a bordo, chequeado previamente por el contacto de la aerolínea, para eso mañana tengo que tener en mi poder los pasajes de ambos y sus pasaportes, ¿puede ser?

—¿A qué hora? —le dije.

—A las ocho de la mañana, a más tardar, te esperaría en mi casa y ahí venimos para acá, ¿comprendes?, ya cuando tú te vayas mañana, te vas con todo chequeado y listo para salir el sábado, que dicho sea de paso estoy de guardia; ¡vamos a hacerlo así!

—OK, ¡ves!, ahora ya nos pusimos de acuerdo, quedamos en eso, ¿no es así?, entonces, ¿puedo irme a sacar con confianza los boletos aéreos?

—Seguro, no hay otra vuelta de tuerca, quedamos así, y roguémosle a Dios que todo marche bien —me dijo.

—Bueno, nos vemos mañana en tu casa a las ocho de la mañana —le dije y me despedí.

Ya era tarde para mí, para todas las gestiones que debía concluir ese día, a las diez subía por la carretera Caracas–La Guaira con rumbo a una agencia de viaje a sacar dos pasajes para los esposos médicos, para el vuelo del sábado con destino a Miami; encontré un poco de dificultad para desplazarme por la ciudad, pero conseguí llegar antes de que cerraran la agencia en su horario de almuerzo. Ya a las dos de la tarde había resuelto lo de los pasajes aéreos, hasta ahora todo marchaba bastante bien, en el tiempo preciso que había acordado con Alfredo. Llegué a mi refugio, almorcé algo y con la misma contacté vía telefónica con Alex, donde le expresé camufladamente que se preparara para partir el próximo sábado, que buscara una solución para que Verónica y él estuvieran juntos, de viernes para sábado, ya que los recogería muy temprano en la madrugada para dejarlos en la terminal aérea; ¡mejor imposible!

Al día siguiente, en la mañana, me fui derecho a casa de Alfredo, el pana de inmigración, donde juntos nos fuimos al aeropuerto a chequear los boletos conjuntamente con los pasaportes para que no tuvieran que pasar a primera hora del sábado por el *counter* de American. Todo se resolvió en dos horas, durante las cuales esperé por Alfredo en uno de los restaurantes abiertos del aeropuerto.

—Todo ha salido perfecto —me dijo al acercarse a la mesa donde me encontraba.

—Menos mal —le dije—, no todo son contratiempos.

El viernes en la tarde recibí la llamada de Alex, donde me pedía el favor de ir por su esposa, allá en la Dolorita, la cual había solicitado permiso para quedarse a dormir con él esa noche; sin pensarlo dos veces le dije:

—En una hora te paso a buscar por donde Manuel, el portugués, el dueño del abasto—. ¿Cómo estás tú Alex? —le dije al verlo un poco acoquinado.

—Bastante bien —me dijo—, con deseos de salir de esto ya.

—El sábado, si todo sale bien, al mediodía ya estás en Miami con tu padre —le dije, y noté como le vino el alma al cuerpo.

—Tú crees que todo salga bien? —me preguntó.

—Hasta ahora todo está de maravilla —le dije.

—¿A qué hora hay que estar allí en el aeropuerto?

—Temprano, alrededor de las seis de la mañana —le dije.

Llegamos muy rápido a la Dolorita, la vía de Petare Mariches estaba floja, apenas había tránsito en la misma. Verónica ya estaba lista cuando llegamos, ansiosa por ver a su marido que hacía una semana no estaba a su lado, desde que se sentó en el carro, lo abrazó y besó, y después, cuando abandonamos el sitio, se apretujó a su lado, como si hiciera muchos años que no se veían, así es la vida, así es el amor, bonito, ¿verdad?

Durante el viaje se me ocurrió la idea de que ambos podían quedarse esa noche en mi apartamento, se lo dije a Alex, el cual de muy buena gana aceptó mi invitación, pero debíamos antes pasar por su casa a recoger algunas cosas que llevaría en su viaje, así lo hicimos. Llegué donde Manuel el del abasto y esperé junto con Verónica una media hora, o quizás un poco más que apareciera Alex con sus cosas. Nos fuimos de inmediato, atravesamos todo Petare hasta que accesamos a la Avenida Rómulo Gallegos, derecho hasta Los Dos Caminos; llegamos a la casa y aproveché la visita de ambos en repasar algunas cosas, que consideraba eran importantes, a la hora de abandonar ilegalmente el país, como por ejemplo, el Himno Nacional, algunos lugares y sitios de interés público, dichos y frases venezolanas, costumbres, etc.

Nos bebimos una botella de whisky con soda y algunos pasapalos, charlamos sobre cómo sería la operación, escuchamos algo de música cubana, y nos acostamos un poco después de la doce de la noche; antes de irnos a la cama, le hice entrega de sus documentos, una vez más le hice hincapié de lo fundamental de los mismos, sus nombres, señas particulares, lugar de nacimiento, etc.

Apenas dormí, ¡qué tensión!, y aunque me pareció escuchar el teléfono en la madrugada, no me levanté a contestarlo, podía haber sido el señor Aguilar, y no hubiera querido hablar con él; insistió un par de veces hasta que desistió y no volvió a intentarlo.

Al parecer a Alex le ocurrió lo mismo que a mí, porque cuando me paré a las cinco de la mañana, ya el doctor estaba contemplando el amanecer por mi ventanal, sin embargo, su esposa aún dormía, quizás descansando por primera vez, desde que llegó a estas tierras. Me fui a la cocina a preparar el café matinal, con eso Alex despertaría a su amada esposa; disfrutamos del café y nos preparamos de inmediato para la partida, no fue larga la preparación, solo unos pocos minutos, los suficientes como para colocarnos en la autopista antes de que amaneciera. En tan solo un par de cuartos de hora pasábamos el túnel Boquerón II, lo cual nos separaba de tan solo diez minutos de la instalación aérea; estacioné el vehículo y bajamos hasta donde quedaba la entrada al despacho de aduana e inmigración. Allí estaba Alfredo, esperándonos, enseguida que nos divisó, acudió a nuestro encuentro dándonos las instrucciones de lo que debían hacer mis amigos para lograr sus objetivos.

Alex, Verónica y yo, nos fundimos en un abrazo de despedida, efusivo y lleno de preocupación y esperanza, no fue un abrazo que transmitía algo que seguro resultaría, fue un abrazo de duda que encerraba preocupación de que algo pudiera salir mal, que algo no funcionaría, y volveríamos a encontrarnos en solo unas pocas horas, lo sentí cuando Alex me apretaba contra su cuerpo y en ese momento rogué, ¡si rogué!, a mi virgencita, a mi querida Betania que tantos favores me había dispensado, lo hice con fe, con devoción, a quien siempre me ha demostrado lealtad, a quien supo perdonar mi lejanía de la fe, de la iglesia, de Dios, por temor a ser juzgado y marginado como muchos otros compatriotas que se les destrozó la vida, el futuro y la familia, gracias a esa represión gubernamental, de un régimen comunista y totalitario, dictatorial, que eliminó de forma violenta la religión, y todo vestigio de fe y de esperanza.

Estaba sumido en mis meditaciones cuando vi cómo los médicos avanzaban por el pasillo que los llevaba hasta la taquilla de inmigración, allí estaba sentado Alfredo, o al menos se me parecía, los vi entregar sus documentos, los vi cómo les indicaron la puerta de abordaje, los vi pasar satisfactoriamente, un control más, un chequeo más. Se me aceleraba el corazón en cada chequeo, cada vez que se detenían. Solo me quedaba esperar la salida del vuelo, el despegue de la aeronave que los llevaría a tierra americana, que los llevaría al encuentro con su padre, a la reunificación familiar, solo faltaba su madre que había quedado en Cuba, en zozobra por solo un tiempo breve, ya la sacaríamos por la reclamación legal, de eso estaba seguro. Los escasos cincuenta minutos que me separaban de disfrutar en silencio, la alegría de ver despegar el avión, donde los esposos médicos viajarían rumbo a la libertad.

Me alejé todo lo que pude del aeropuerto, me fui y estacioné mi carro en el hombrillo, en la carretera Caracas-La Guaira, justo a una altura donde me permitía ver parte de la pista aeroportuaria, como muchas otras veces lo había hecho con casos anteriores. Allí esperaría también la llamada de Alfredo, que la haría cuando estuviera seguro, de que abordarían el avión; esperé paciente y nerviosamente al mismo tiempo, esa llamada, la cual se realizó, diez minutos después que la aeronave se elevó al final de la pista, cuyo fuselaje al ser tocado por el sol reflejó un destello de luz que me quedó grabado en mis pupilas.

—¡Aló!, aló!, "cubiche", ya están en el aire, ¡la operación fue un éxito! —me dijo Alfredo emocionado e incrédulo a la vez.

—Espérame en la cafetería de siempre —le dije, casi no podía manejar, me temblaban las piernas y casi lloro de emoción y salí de inmediato al encuentro de Alfredo.

Me devolví antes de llegar al túnel, y volví a recorrer los pocos kilómetros que me separaban del aeropuerto, estacioné el vehículo en el estacionamiento internacional y me dirigí muy emocionado, a donde me esperaba mi querido amigo Alfredo en espera de sus reales.

Todo lo que se puede pagar con dinero es barato, pensé yo, y este era uno de los ejemplos, la libertad por unos cuantos dólares, que más se podía pedir, en solo dos horas el matrimonio se había quitado la pesadilla de su misión internacionalista cubana, y había logrado en parte, unir a la familia; vendrían otros médicos, otros instructores de deportes, otros deportistas y muchos más, cuyo principal objetivo sería lograr una vida mejor, vivir algunos años en libertad fuera del país que los vio nacer, pero que nada pudo ofrecerles, que nada pudo darles, harían sus compromisos con la patria, o más bien con el régimen comunista, sin sentirlo, solo con el deseo de palpar una nueva vida, de emprender un nuevo ciclo de vida que lograra orientarlos, que les permitiera ver con sus propios ojos la realidad que afrontaban otros países de la región, hacer sus propias valoraciones, y al final trazarse un nuevo destino. Esa era una parte de la historia de mi pueblo, una parte de la realidad que afrontaban millones de cubanos, presos en su propia tierra, sin otra esperanza, que la soledad o la muerte, sin futuro, ni perspectivas presentes ni futuras.

—Alfredo, aquí tienes tus reales, muchas gracias por todo —le dije y agregué—: Nos mantenemos en contacto.

Al mismo tiempo que me despedía, realicé una llamada a los Estados Unidos, a Miami:

—¡Aló!, señor Aguilar, es Emilio, ya regresé y le tengo una agradable sorpresa, sus hijos están en el aire, en dos horas aterrizarán en Miami, ¡qué Dios los bendiga y proteja!

Al pasar los días hablé con Alex que ya estaba satisfecho de estar al lado de su padre y con la perspectiva de un mejor futuro, me comentó detalles del vuelo a Miami, donde en el baño botó los pasaportes y todo lo que comprometiera la operación realizada, le di un fuerte abrazo telefónico y le desee suerte y prosperidad.

Sobre el Autor

NACE EN LA ciudad de la Habana, Cuba, en el año 1949. Paralelamente a sus estudios, trabaja en diferentes ministerios del actual gobierno cubano, ocupando cargos ejecutivos, llegando a ser subdirector administrativo de la Aviación Civil. Siempre inconforme con el gobierno castrista, decide abandonar el país en el año 1992.

Pidió asilo en Venezuela, la cual abandonó en el año 1998 por la llegada al poder del gobierno comunista de Chávez. Se asentó en República Dominicana por el término de 6 años, donde trabajó como profesor de latín, francés e inglés en diferentes colegios, a la vez que escribía diferentes obras, todas de contenido político.

Regresa a Venezuela en el 2005 por asuntos personales de salud, por lo que se dedica a escribir relatos que fueron premiados y editados en los periódicos del momento como *Últimas noticias*, *2001*, etc.

Siendo intolerable la situación social de Venezuela, decide salir del país una vez más, y en el año 2014 se acoge la ley de ajuste cubano, la cual le dio la oportunidad de ser hoy ciudadano americano y dedicarse a la tarea de organizar toda su obra literaria para su publicación.

Printed in the USA
CPSIA information can be obtained
at www.ICGtesting.com
JSHW080220150923
48203JS00001B/39